鈴木大拙 著｜林宏濤 譯

鈴木大拙 禪學入門

An Introduction to Zen Buddhism

D. T. Suzuki

鈴木大拙——當代最偉大的佛教哲學權威

鈴木大拙禪學入門
An Introduction to Zen Buddhism
D.T.Suzuki

目錄

〈出版緣起〉

朝聖者的信仰之旅

商周出版編輯顧問　林宏濤

臺灣社會正面臨各種矛盾的新衝擊。醜陋的資本主義經濟和環保的覺醒在做拉鋸戰；教育和資訊之普及是史上未有的，而精神世界卻也愈加的空洞。在宗教信仰上，人們都只殘留著原始的無知。我們從歷史和傳統中失了根，在和宗教的對話上，我們失去了應該有的精神底蘊，就像我們和自然、社會以及個人的互動越來越疏離一樣。在某方面，我們的文化是後退到某個蒙昧時代的原點上。

然而人類對超越界的渴望和上古史一樣的久遠，也始終存在於深層的靈魂之中。在遠古時代，或是現代的某些部落裡，宗教不只是人與超越者的關係，也是對於世界乃至宇宙的認知進路。文明化的歷程使得人類朝聖的動機更加多元化；無論是在集體潛意識中遺傳下來的衝動、對崇高的造物者的震懾或受造感、或是對生命終極關懷的探索、苦難的解脫，甚至只是在紛擾的現代生活中尋找一個桃花源，儘管這些內在的聲音在城市和欲望的喧囂中顯得特別微弱，但是人們對超越界的追尋卻始終沒有停止過。

在彼岸的是諸神，在塵世的是人類，而宗教是人和神相遇的地方。它也是神人互動的歷程。在這朝聖之旅當中，我們有說不完的感動、恐懼和迷惑；而世界不同角落的人們也以不同的方式和不同形式的神祇溝通交往。因爲宗教既是社會的，也是個人內心的；宗教曾經既是社會結構的穩定性形式，也是個人心靈的寄託。在個人主義的現代社會裡，宗教更是內在化爲生命意義和存在故鄉的自覺探索。

除了生命價值和根源的追尋以外，道德的實踐、人格的成就、淑世的理想，更是宗教的存在根據。從字源學看**religio**（拉丁文的宗教）的可能意義，可以了解宗教的倫理面向，它可能是**religere**（忠誠的事奉和歸屬），或是**religare**（與自身的源泉或終點相連），而因爲人可能遠離他的故鄉，所以它也可能是**reeligere**（重新選擇去活在這源泉或終點裡）。如此我們便形構了一個生動的宗教圖式：人虔誠的遵循神的誡命，藉以與神同在，而人也會墮落，因此也會悔罪回頭。在許多宗教，如佛教、耆那教、拜火教、猶太教、基督教、以至於伊斯蘭教，倫理一直是他們的重要課題。《法句經》說：「諸惡莫作，眾善奉行，自淨其意，是諸佛教。」釋迦牟尼觀察緣起法的生死流轉，依八正道而解脫，以世間正行端正自己，清淨自己的行爲而得正覺，這是人類精神自由的完美典範。理性主義興起後，宗教的道德意義由德性的實踐到道德良知根源的反省，進而推及生命的愛，新的人文主義從這堅實的倫理世界獲得源頭活水，或許也是宗教的新生。

「人與宗教」系列叢書，就像每個朝聖之旅一樣，試著從宗教的各個面向去體會人和宗教的對話歷史，使人們從各種信仰思維中沉澱下來，理性地思考「宗教是什麼」的基本問題。我們將介紹宗教學的經典作品，從神學、宗教心理學、宗教社會學、宗教哲學、比較宗教學到宗教史，爲有興趣研究宗教現象的讀者基礎的文獻；另一方面，我們也想和讀者一起分享在世界每個角落裡的朝聖者的經驗，可能是在修院、寺廟、教會裡，也可能在曠野、自然、城市中，也包括他們在工作和生活當中對生命的體會。

在各個宗教裡，朝聖有個重要的意義，那就是暫時遠離生活的世界，經過旅行的困頓和考驗，最後到達聖地，那裡是個神聖的地方，是心靈的歸鄉。我們希望在「人與宗教」的每一本書裡，都能和讀者走過一次朝聖者之旅。

〈專文推薦〉

歐美禪學的奠基之作

臺大哲學系教授　楊惠南

日本禪學大師鈴木大拙，是日本京都學派的健將。京都學派則是日本近代影響力最深遠的學派。但就像八世紀北印度烏仗那國（今巴基斯坦）的蓮華生（Padmasambhava）一樣，身為北印度人，卻是西藏佛教的開創者；鈴木的影響不在日本，而在歐美。歐美人士的禪學熱潮，舉凡新心理分析學派（Neo-psychoanalysis）的榮格（Carl Gustav Jung）、佛洛姆（Erich Fromm），哲學界的海德格（Martin Heidegger），都受到鈴木大拙的深重影響，甚至連盛行於越戰末期（1965-1975），反（越）戰的前衛文學運動「打擊一代」（又譯披頭一代，The Beat Generation），乃至受到這一運動影響的環保運動「深層生態學」（Deep Ecology），也受到鈴木禪學的深重影響。如果蓮華生是藏傳佛教的開創者，那麼鈴木大拙無疑是歐美禪學的奠基大師。

鈴木這部禪學巨著，原本就有許多引文。譯者根據《五燈會元》以及《大正藏》和《續藏經》等其他禪門典籍，一一將鈴木的引文還原成古文。這不但不妨礙一般讀者的閱讀，還增加了它的學術性。對於禪學研究學者，必然有一定的幫助。

〈專文推薦〉

赤裸裸的禪

中華維鬘學會理事長　鄭振煌

菩提達磨（?-535）把禪法從印度引進中國，影響了中國文化、宗教、思想、哲學、文學、藝術、武藝、企業經營和生活方式，而後暢行於韓國、日本和越南。一千四百多年後，鈴木大拙（1870-1966）把禪法從東亞介紹到西方世界，影響了歐美心理學、精神治療學、哲學、神祕主義等心靈學科，甚至間接促成存在主義、hippies（翻譯爲嬉痞，實係汙蔑）等現代思潮的興起。

歐美人士對佛教的認識，約有三波。第一波開始於十六世紀歐洲殖民主義來到東方之後，主要研究南傳佛教。第二波開始於十九世紀中葉，大量勞工被引進美國，參與新大陸的開發，帶來漢傳佛教。第三波開始於一九五九年，達賴喇嘛帶領十萬藏人流亡印度，逐漸把藏傳佛教廣布於全世界。有趣的是，這三波佛教的流傳於亞洲以外地區，正好與佛教三大系的發展先後相吻合。

在第二波佛教世界化的過程中，禪扮演最重要的角色。中國佛教包括大乘八宗和小乘二宗。小乘的俱舍宗和成實宗，其教法與南傳佛教大同小異，既不盛行於中國，歐美人士也早從南傳佛教得到認識，沒有必要再從漢傳佛教吸取養分。

在大乘八宗中，以理論見長的有三論、法相唯識、法華、華嚴等四宗；專重修行的有禪、淨土、密、律等四宗。對理論有興趣的只是少數學者，芸芸眾生但求安身立命的簡易方法。在此八宗中，最合歐美人士口味的，只有禪宗。

教理深廣的四宗，亦重實修，但主張解而後行，行而不解猶如「盲人騎瞎馬，夜半臨深淵」，處處是陷阱。三論宗舉揚空性，重思辨難實修，實非資本主義或唯物論影響下的人們所能理解。法相唯識宗主張「境無唯識」，深入探討心識問題，對西方心理分析學界和精神治療學界影響甚大，但其理論過於繁瑣，又涉及禪修者的神祕經驗，一般人無從置喙。法華宗和華嚴宗的圓教思想，非相對思維的現代人士所能理解。

禪、淨、密、律四宗固有精深的大乘思想爲其基礎，但重實修，期速證佛果。淨土宗盛行念佛，以求死後往生西方極樂世界，與求主救贖永生天堂的其他宗教似無兩樣，很難引起西方人士的興趣。密宗重觀想，三密相應，非禪定功夫臻於上乘和福報圓滿者可以修行。律宗嚴整威儀，約束身心，唯出家人能得清淨。

禪宗的中心思想是「不立文字，教外別傳，直指人心，見性成佛」。不立文字，所以不懂中文或不讀佛經的人也可以修禪宗；教外別傳，所以任何人都可以超越傳統，契機契理地傳授禪法，並非一定要在佛教氛圍長大的人才能學禪，因爲有時候知識反而是所知障；直指人心，是直接觀心，心只有自己才能觀得到，與心外物毫不相干，而且心外物越少，觀心時越不容易受到影響；見性成佛，任何人只要見到自己的心性，當下就是佛，與身份背景無關。

從這些角度看來，一切人類都是可以學禪的。

禪是什麼？禪要如何修？修禪的好處是什麼？倒是一連串治絲益棼的問題。禪雖然不立文字，但禪書汗牛充棟，讀之令人如墮五里霧中。

天下事最簡單的，具有最多可能性，反而被喜歡花俏的人類頭腦搞得變成最複雜。

我認爲如果要對禪做最簡單的定義，則禪是赤裸裸的心性。人心妄想紛飛，情執邪見充斥；心的本性卻是清清淨淨、光光明明、毫塵不染。因此，心性既不是惡，也不是善，既不是又惡又善，也不是非惡非善；它如虛空般無邊無際，本身了無一物，卻有一切物在虛空中生生滅滅。

修禪不需任何方法，既不思善，也不思惡，既不思又善又惡，也不思非善非惡；心中不可以有任何念頭，連「不可以有任何念頭」的念頭也不可以有，直下承擔，惺惺寂寂，寂寂惺惺，它是正反合的整體觀照智慧。

禪修是洞見連續不停的念頭虛妄不實，讓心歸零，那就是心的自性。心性處於眞空的狀態，其能量因而是零極限的，會隨緣變化出一切妙有。隨緣而不變，不變而隨緣，心中沒有任何煩惱，卻又能發揮無限大用，這就是禪修的好處。

鈴木大拙博士是日本臨濟宗學者，先後從鎌倉圓覺寺今北洪川及宗演學禪，並深入禪與佛學、西洋哲學等。一八九三年隨其師宗演出席芝加哥「世界宗教會議」，開始他與西方社會的接觸。他以英文撰述之禪書多達數十部，對於東方思想及禪之傳入歐美，貢獻卓越，在日本被譽爲「世界禪者」。

《鈴木大拙禪學入門》英文本出版於一九六四年，距今雖已四十五年（編按：本文撰於二〇〇九年），但一直是英文世界的主要禪學著作。既本於傳統禪宗典籍，又出乎現代思潮，契理契機；既有禪宗公案的饒富興趣，又有現代哲學的縝密思辨，允執厥中。翻譯本書實非易易，喜見信達雅的中譯本問世，對好禪者無異一大福音。

〈專文推薦〉

世界是我的國家，行善是我的宗教

中華佛學研究所研究員　藍吉富

在國內外佛學界的禪學熱，逐漸爲藏傳佛教熱所取代的今天，知道《鈴木大拙禪學入門》中譯本即將在臺灣出版，筆者內心頗有空谷足音之感。

如果說，二十世紀是東方人與西方人相互了解的世紀，那麼，無疑地，鈴木大拙應該是促成西方人理解東方文化的最大功臣。他向西方人推介的東方文化，包含有印度與中國的大乘佛教與日本文化，甚至於還曾助成《老子》的英譯。但是，影響力最大，且風靡數十年的主要貢獻，仍然是三十冊英文著述中的主軸——禪學（禪宗之學或禪佛教）。

對於二十世紀的日本人而言，鈴木是全國公認的國寶，這不只是對上述三十冊英文著述業績的讚嘆，也是對鈴木之八十幾部日文著述的景仰。因爲，在這些著述之中，鈴木將禪宗的深層底蘊，親切地展示在世人眼前。讓舉世中人知道禪宗之美、及其美在何處。此外，他也曾對日本的淨土宗與眞宗，做過深入而親切的詮釋，對日本的文化，從事新穎、深入的解說。透過鈴木一生的努力，讓國際人士對日本人的印象，除了侵略戰爭的負面記憶之外，也還會有浮現溫馨與親切記憶的可能。

除了禪宗與淨土思想之外，鈴木也對華嚴宗學至爲讚仰，而且深懷將它推廣到英語世界的雄心。他在詮釋《華嚴經》中的「發菩提心」要義時，曾經表示：「大乘佛教的教義，是從擁抱眾生的慈悲心靈所產生的，並不是單純從邏輯推理所組織形成的冰冷哲學。」

依筆者所見，上面這段話所提拈出來的大乘精神，其實也正是鈴木一生風範的寫照。鈴木在寫禪宗、淨土眞宗、或大乘佛學時，雖然並未多用情緒性語句，但是總會使讀者感受到行文的溫馨與親切。箇中緣由，當是鈴木內心所散發出來的氛圍使然。這一風範與上述大乘精神可以說是同質的。因爲二者都是根源於體驗、感受與慈悲心靈所流露出來的。

鈴木的一生，至少有兩次參禪開悟的體驗。具有這種體驗，加上鈴木的個性、學養與國際化眼光，終於融合成獨特的「鈴木風格」。這種風格與純粹從學術訓練中出身的學者迥然不同。這樣的差異，顯著地表現在鈴木與胡適的禪佛教論辯文章上。二十世紀中葉，這二位蜚聲國際的東方學者，曾以英文做過激烈的論辯。精研禪宗史的胡適與鈴木的禪學見解，當然是大異其趣的。筆者以爲，雙方的不交集，不只是方法論、或學術角度的不同，而且也是「深入其中」（鈴木禪學）與「冷眼旁觀」（胡適禪史學）之立場的差異。

鈴木與胡適的不同風格使我想起大約十年前修建完成的京都車站。很多遊客都很讚賞車站新建築之美。粗略地分析，這一令人流連忘返的主體建築，卻是由兩種不同的風格結合而成的。當你處在車站內部的中間樓層，往上望時，會看到一大片金屬素材所構成的幾何圖像，是複雜而冰冷的；但是往下望時，則頓時感覺身處在紫色氛圍與柔和燈光所交融而成的溫馨景象之中。

這兩種截然不同的場景，讓我不期而然地想起鈴木與胡適，上方展現的類似胡適風格，而下方則酷似鈴木。

儘管鈴木一生給人的主要印象是柔和、純眞與慈藹，但是，我們也不要忽略了他對公義的堅持。第二次世界大戰期間，日本軍方曾經向鈴木大拙商借鎌倉市的住宅，但是遭到鈴木拒絕。他反對的理由是日本軍方正在進行的是不義之戰。他向前來洽商的軍人說道：

「日本正在打一場毫無正義的戰爭，也是毫無希望的戰爭。」

這樣的態度可以取來與他的世界觀相對照。他中年時代在東京學習院教書時，宿舍內的一片匾額上，就有以英文寫下的句子：「世界是我的國家，行善是我的宗教。」

一九六〇年一月，他已屆九十高齡。當時他接受弟子秋月龍珉專訪時也曾說：「我們應該保有寬廣的視野，應該將世界視爲一家。」

鈴木就是這樣的人，是一個將禪宗理趣與大乘精神融匯於生命之中的眞人。像這樣的眞人，不應該被歷史遺忘。因此，我很樂意推薦這部展示鈴木內心禪意的好書。

〈前言〉

大解脫[1]

心理學大師　卡爾・古斯塔夫・榮格（Carl Gustav Jung）

鈴木大拙的禪學論述堪列過去幾十年來關於當代佛教的傑作，而禪學本身則是以巴利文經典結集為根柢的大樹最重要的果實。[2]我們要對作者至表感激，首先是因為他讓禪學更貼切西方世界的思考，其次是因為他實現這個課題的取徑。東方世界的宗教概念經常和西方世界大異其趣，即使是語詞的翻譯都非常困難，更不用說概念的意義了，在某些情況還不如不要翻譯。我以「道」這個中文字為例就夠了，歐洲至今還找不到一個譯名。原始佛教典籍裡有許多觀點和理念是一般西方的認知所無法領略的。例如說，我不知道有什麼靈性的（或者也許是氣候的？）前提或準備，才能夠完整且清晰地想像或思考原始佛教「業」的概念。即便我們掌握了禪學的本質，仍然有一個非常奇特的核心觀點。這個觀點叫作「悟」（Satori），我們譯為「Erleuchtung」

（啓蒙、領悟、光照）。鈴木大拙說：「悟是禪存在的理由，沒有它，禪就不成其為禪。」[3]無論是神祕主義者所謂的「領悟」，或是一般宗教語言所謂的「光照」，西方人應該都不難理解。然而，「悟」是描繪一種歐洲人幾乎無法領略的啓蒙方式和道路。百丈懷海（724-814）的開悟，以及鈴木大拙在書中提到的儒家詩人和政治家黃山谷的傳說，即為例證。[4]

我再舉一例：有一僧問玄沙師備禪師說：「學人乍入叢林，乞師指箇入路。」師曰：「還聞偃溪水聲麼？」曰：「聞。」師曰：「從這裡入。」❶有了這幾個例子，應該可以突顯開悟經驗的無法捉摸了。即使我們舉再多的例子，還是搞不清楚開悟是怎麼回事以及悟到了什麼，換言之，我們仍然不明白他們開悟的方法以及內容。忽滑谷快天是東京曹洞宗大學的教授❷，他在談到開悟時曾說：

我們在去除我執以後，就可以喚醒內在、純淨而神聖的智慧，禪師們喚它作「如來」、「菩提」或「般若」。那是神聖的光、內心的天國、一切良知寶藏的鑰匙、一切威德自在的源泉，也是慈悲、正義、同情、無私的愛、人性和憐憫的所在地。當這個內在智慧完全覺醒了，我們就會明白，無論在靈性、本質或本性上，我們和世界眾生或佛都是一體的，每個人本來即是佛，涵泳在聖者無盡的慈悲裡，聖者生起慈悲心，弘法利生，於是生命不再是生老病死的大海，也不再是充滿苦難的人生，而是莊嚴清淨的佛剎和淨土，眾生於此可以得到涅槃妙樂。

於是我們的心完全轉化。我們不再為瞋恨所苦，也不再被嫉妒和貪欲困擾，不再有悔恨的刺痛，再也不會被憂鬱和絕望給打倒。[5]

這就是一個東方人，一個習禪者，所描繪的開悟的本質。我們必須承認，這些段落只要稍加修改，看起來就很像是基督教神祕主義的靈修作品。但是以完備的決疑論（Kasuistik）去描繪的開悟經驗，對於我們的理解其實沒有什麼幫助。忽滑谷快天應該是要講給西方理性主義者聽的，而他也找到了很好的藥方，所以才會聽起來這麼平易近人。禪宗故事的諱莫如深總比底下這句話好多了：「依照德爾芬的習慣」（ad usum Delphini）❸；它似乎蘊義很深，卻什麼也沒說。

禪絕對不是西方世界意義下的「哲學」。[6]魯道夫・奧托（Rudolf Otto）❹在為大迫（Ohasama）的禪學作品所寫的導論裡如是說，他認為忽滑谷快天「把東方巫術的理念世界附會到……我們的西方哲學範疇」而和西方哲學混為一談。「如果我們必須引用最笨拙的心身平行論（Parallelismus）學說，去解釋不二性（Nichtzweiheit）、統一性和對立的和諧（coincidentia oppositorum）的神祕直觀，那麼我們會完全被逐出『公案』、『（臨濟）喝』和『開悟』的領域。」[7]我們不如先浸淫在禪宗故事奇特的晦澀難解裡，其次時時提醒自己，「開悟」是個「言語道斷的奧祕」（mysterium ineffabile），而那正是禪師所要說的東西。對於我們的認知而言，在禪宗故事和神祕的開悟之間有一道鴻溝，我們最多只能暗示跨越鴻溝的可能性，卻無法在實踐裡做到。[8]我們會覺得接觸到眞正的祕密，而不是想像的或僞裝的；那不是被神祕化的祕密事件，而是離言絕慮的體驗。「開悟」是不期而遇的，而不是預料中事。

在基督宗教裡，要有很長的屬靈準備，才能夠得見聖三位一體、萬福聖母、十字架苦刑或主保聖人的異象，因此人們會覺得異象是理所當然的。於是，雅各．波姆（Jacob Boehme）❺居然能夠以反射在錫盤上的日光窺見「自然的中心」（centrum naturae），也就沒什麼了不起的。比較難以接受的是艾克哈特大師（Meister Eckhart）❻「赤裸美少男」的異象[9]；甚至是史威登堡（Swedenborg）❼「紅袍男子」的異象，那男子要他戒掉暴飲暴食的習慣，而或許正因爲如此，他認爲那男子就是上帝。[10]如此近乎奇詭譎怪的行徑，自然是難以接受。然而，許多「開悟」經驗不只是近乎怪誕，而且根本就是怪誕，聽起來完全荒謬的事。

然而，對於長期涵泳於研究那花團錦簇般的東方精神本質的人們而言，那些曾經讓幼稚的歐洲人困惑不已的奇妙事物，現在都已經花果飄零。禪的確是中國文化最瑰麗的花朵[11]，它孕育自佛教廣袤無垠的思想世界。如果有人稍加涉獵佛教教義（拋去西方世界的各種偏見），應該可以揭開個別開悟經驗的怪異外衣而深入其中，或者是嗅到那些至今一直被西方的哲學和宗教忽略的困難。哲學家總是特別關心和生活無關的思考，而基督徒也總是和異教徒不相往來。（「感謝主，讓我不像其他人。」）在西方國家裡，並沒有所謂的「開悟」。那是東方國家的東西。然而眞是如此嗎？我們眞的沒有任何「開悟」嗎？

當我們細讀禪宗典籍時，總會有個印象：「開悟」經驗即使很怪誕，其實卻是**自然而然**的事，它是那麼的簡單[12]，使得人們總是見樹不見林，或者是越解釋就越讓人如墮五里霧中。忽滑谷快天說，想要以「領悟」的觀念去解釋或分析「開悟」是沒有用的[13]，此話良有以也。不過他還是大膽用「領悟」這個詞，說它蘊涵了「對自性的覺照」[14]，是意識破除了虛幻的我執[15]。所謂「我執」即是一般「自我」（Ich）和「自體」（Selbst）的混淆。自體是指佛性，也就是生命的全體意識

（Bewusstseinstotalitä）。他引用盤山寶積禪師的話說：「心月孤圓，光呑萬象，」❽並且解釋說：「它既是一個宇宙生命和宇宙精神，同時也是個體的生命和個體的精神。」[15]

無論我們如何定義「自體」，它總是一個不同於「自我」的東西，而當人們更加了解「自體」時，總會轉向「自體」，因此「自體」的範圍要大得多，蘊含且超越「自我」的經驗。正如「自我」是我的「自體」的某個經驗，「自體」是我的「自我」的經驗，但是那經驗不再是以更大或更高的自我的形式去體會到的，而是以一個「非我」（Nicht-Ich）的形式。

關於德國神學的作者也很熟悉這種思想：「如果有個受造者意識到自身是完美的，那麼他就會失去受造性（Geschöpfeart）、某物性（Etwasheit）和自體性（Selbstheit）。」[16]「如果我把善歸於自己，那是來自一個幻覺，以爲善是我的，或者我就是善。那始終是不完美或愚昧的徵兆。如果我意識到眞理，那麼我也會意識到，我不是善，善不是我的，也不是出於我。」「有人說我眞是個可憐的笨蛋，我居然幻想我就是善，但是無論現在或以前，善都是眞正的神。」[17]

關於「開悟的內容」是什麼，則是眾說紛紜。開悟的歷程被解釋和描繪成我執的意識的**破繭而出**，成爲**無我的自體**。這個解釋既回應了禪的本質，也符合艾克哈特大師的神祕主義。他在《神貧的人是有福的》（*beati paupers spiritu*）的講道裡說：「當我從神那裡走出來時，所有事物都說：『有一個神！』但是那無法使我蒙福，因爲那句話只是讓我把自己視爲受造者而已。但是當我破繭而出時[18]，我要在神的意志裡一無所有，也拋開神的意志、祂的一切造就，以及神本身，於是我比一切受造者都更富有，因爲我既不是神也不是受造者：我是以前的我，未來的我，當下以至於永恆。於是我猛烈被舉揚，高於所有天使。那個舉揚讓我變得如此的富有，以至於即使神也無法滿足我，雖然祂仍然是神，雖然祂有一切的造就：因爲在破繭而出的時候，我認識到我和神的共同點。於是，我就是以前的我[19]，我不增不減，因爲我是不動的原動者。於是，神再也不住在人類裡頭，因爲人類以貧窮掙回以前的他以及未來的他。[20]」

大師於此的確描繪了一種開悟經驗，自我被自體給消融，而回復了「佛性」或即神的普世性。基於學術的謙卑，我不敢提出任何形上學命題，而只是指出一種可以經驗到的意識變化，因此，我把「開悟」主要視爲**心理學問題**去處理。對於不認同或了解這個觀點的人們而言，「解釋」只是一堆沒有意義的語詞。他們無法由這些抽象概念跨越到相關的事實；他們無法體會爲什麼木樨花香[21]或拽鼻子[22]可以產生如此巨大的意識變化。最簡單的方法就是把這些軼聞當作博君一粲的童話，或者承認它們是事實，而把它們當作欺騙自己的故事給打發掉。（人們喜歡說那是「自我暗示」〔Autosuggestion〕，是屬靈不完備的商店裡的可憐滯銷品。）一個對於令人驚訝的現象認眞而負責的研究，是不可能輕忽這些事實的。當然，我們無法完全確定某個人是否**眞的**「開悟」或「解脫」，或者只是他想像出來的。我們並沒有什麼判準。再者，我們也很清楚，想像的痛苦經常比所謂眞實的痛苦還難捱，因爲它經常伴隨著暗地裡內疚的憂傷所引起的道德痛苦。因此，那不是「事實性」的問題，而是**靈魂的實在性**的問題，也就所謂「開悟」歷程的心理事件。

每個心靈歷程都是一個形象（ein Bild）和一個想像（eine Ein-Bildung），否則根本不會有意識，也不會有歷程的現象。就連想像也是個心理歷程，因此說開悟是「實在的」抑或「想像的」，其實無關緊要。開悟的人或自稱開悟的人，無論如何都是說他開悟了。別人怎麼想，並不能爲他決定他的經驗是什麼。他即使是說謊，他的謊言也是個心理事實。是的，如果所有宗教的陳述都只是有意的虛構和造假，那麼我們還是可以寫一篇有趣的心理學論文，去探討這些謊言存在的事實，就像是研究幻覺的精神病理學的科學工作一樣。有一個宗教運動，幾百年來有無數哲人獻身其中，這樣的事實就足以讓我們認眞嘗試以科學的理解去探討其歷程。

我在前面曾經問到，西方世界裡是否有任何像是「開悟」的東西。如果撇開西方神祕主義的說法不談，放眼望去，還眞的找不到東西和它有一點點類似的。在我們的思考裡，根本不可能有所謂意識發展的各個階段。光是想到在關於一個對象的存在的意識以及關於對象的「意識的意識」之間有重大的心理學差別，就不知道怎麼去回答了。我們很難要求自己認眞探討這樣的問題，好去解釋提出該問題時的心理狀態。的確，諸如此類的問題的提出，經常不是出於知識的需求，而總是源自原始宗教的習俗。印度的瑜伽、中國的佛教，都爲想要擺脫某種被認爲不完美的意識狀態的纏縛者提供了驅動力。就西方的神祕主義而言，其著作則盡是教導人們如何以及爲什麼要擺脫意識的「我執」（Ichhaftigkeit），透過對於他的存有的認識，他可以超越我執，而接觸到內在（神性）的人。雷斯博克（Ruysbroeck）❾提到一個印度哲學家也知道的意象，也就是樹根在上面、樹梢在下面的樹[23]，而他必須爬上這棵信仰之樹，它由上往下長，因爲它的根在神裡頭。[24]雷斯博克又說，就像瑜伽一樣，「人們將會自由，而且擺脫意象，解脫所有執著，空去一切受造者。」[25]「欲望和痛苦、寵辱得失、對他人的掛慮、歡樂和恐懼，他必須都無動於衷，並且不依待任何受造者。」[26]存有的

「一體性」即在於此，而那意味著「走向內心的存有」（Einwärtsgewandtsein）。那意味著「一個人回到他的內心，好去感覺和了解神的內在作工和內在話語」。[27]經由宗教實修而生起的新的意識狀態之所以殊勝，是在於外在事物再也無法對我執的意識起什麼作用，也就不會有相依相待，而一個空的意識也準備接受另一個作用。這個「另一個」作用不再被覺知為自身的造作，而是一個非我的作用，它以意識為其客體[28]。自我的主體角色彷彿被超越過去了，或者是被另一個主體給接管，由它取代了自我[29]。那是一個我們耳熟能詳的宗教經驗，聖保羅也曾經提到它[30]。這裡描繪的無疑是一個新的意識狀態，透過深刻的宗教蛻變歷程，而揮別了以前的意識狀態。

有人或許會反駁說，**意識自身**並沒有改變，而只是**對某物的意識**，正如我們翻一頁書，用同樣的眼睛看不同的圖片。我擔心這樣的理解只是無稽之談，因為它並不符合事實。事實是，在典籍裡描述的不只是一個接一個的意象或客體，而經常是經由劇烈的震顫（Konvulsionen）導致的蛻變經驗。擦去一個意象，而以另一個意象取代之，是很平常的事，和蛻變經驗的性質一點關係也沒有。問題不在於**看到另一個東西**，而是**以不同的方式去看**。那就像是視覺的空間行動因為新的向度而有所改變。當禪師問說「還聞偃溪水聲麼？」時，他的意思顯然不是指一般的「聽見」[31]。意識就像知覺一樣，正如知覺有種種條件和限制，意識也有。例如說，我們可以有各種不同階段的意識，範圍小的或大的，表層的或深層的。然而，這些程度的差別經常也是本質的差別，因爲它們完全依賴於人格的發展，也就是說，依賴於知覺主體的本性。

知性對於認知主體的性質並沒有興趣，因爲那主體只以邏輯的方式思考。基本上，知性總是忙著消化意識的內容，並且忙著應付各種消化的方法。人們需要有哲學的熱情，才能強迫自己超越知性，進而去認識認知的主體。這種熱情和宗教的驅力沒什麼兩樣，因此也和宗教蛻變的歷程問題並無二致，而那是知性無法理解的東西。古代哲學熱中於探究蛻變的歷程，而近代哲學則漸漸不去談它。在某個意義下，叔本華（Schopenhauer）屬於古代哲學。但是尼采（Nietzsche）的《查拉圖斯特拉如是說》就不再是哲學了，而是一個完全吞沒了知性的劇烈蛻變歷程。它不再是思考的問題，而是「思考的思考者」的問題，書裡頭的每一頁都是如此。一個新生的人、一個完全蛻變的人登場了，他破繭而出，不只看到新天地，而且是創造了它。西勒修斯（Angelus Silesius）[10]的說法比查拉圖斯特拉謙虛一點：

我的身體是個蛋殼，小雞在裡頭

會從永恆的靈裡孵出來。[32]

在基督教國度裡，「悟」相當於一種宗教的蛻變經驗。然而，這類的經驗有各種不同的程度和類型，我們有必要指出哪些範疇和禪的經驗最相應。那無疑就是神祕主義者的經驗，它和其他類似經驗的差別在於它的「聽任自然」（Sich-Lassen）的屬靈準備，「空去一切形象」（Entleerung von Bildern）；它迥異於以訓練和對於聖像的「想像」爲基礎的宗教經驗，例如聖依納爵[11]（Ignatius）的「神操」。我會把後者的範疇歸類於經由信仰和禱告的蛻變，在基督新教裡，則是經由團契經驗，因爲它們有個很明確的前提，而且絕對不是「空」或「放下」。神祕主義者常說的「神是一個無」，基本上和基督受難的默觀、信仰以及團契的期待是不相容的。

因此，「悟」和西方經驗的類比，就只限於少數基督教的神祕主義，他們爲了彰顯弔詭而說的話幾近於異端，有的甚至踰越了異端的界線。正是這些性質，使得艾克拉哈特大師遭到教會的譴責。如果佛教和我們的「教會」一樣，那麼禪宗也會是他們無法忍受的負擔。其理由在於它極端個人化的方法，以及許多禪師們呵佛罵祖的偶像破壞的態度。[33]由於「禪」蔚然成爲一個宗派，在幾個世紀裡便形成某些集體形式，例如鈴木大拙在《禪僧的修行》（*The Training of the Zen Buddhist Monk*）[34]所說的，但是他們認爲形式和內容都是外在的東西。除了各種生活方式以外，他們的主要修證方法應該就是「公案」了。公案是指禪師的弔詭的問題、說法和舉止行爲。根據鈴木大拙的描述，公案主要是以軼聞的形式記錄禪師們的問題。師父問學生一些問題，讓他們去習禪。茲舉一個經典的例子，有一僧問趙州禪師說：「狗子還有佛性也無？」師曰：「無。」鈴木大拙說，這個「無」字意思就只是「唔」，儼然是小狗在回答這個問題。[35]

乍看下，提出一個問題以作爲習禪的對象，似乎對於結果已經有了預期或定見，因此體驗的內容也有了限定，就像耶穌會的神操或瑜伽冥想一樣，其內容限於老師指派的課題。但是公案實在太多元、太多義，也太多機鋒了，以至於任何老手都搞不清楚什麼才是合宜的答案。再者，關於體驗的描繪總是語焉不詳，使得我們在公案和體驗之間找不到任何無法辯駁的理性關係。既然我們無從證明其邏輯推論，於是我們會假定公案其實無礙於任何修行的自由，而最終的結果也取決於師父的**個人習性**。行者在修行裡完全顛覆理性知識，使得意識處於完全沒有預設的狀態。於是，任何有意識的預設都盡可能地被排除了，但是不包括無意識的預設；那就是習焉而不察的心理習性，它當然不是空性，也不是無預設。那習性是本性既有的因素，因此當它回答時（尤其是在開悟經驗裡），就是**本性的回答**，是本性直接說出它對意識的回應。[36]學生的無意識本性對於老師或公案的回應，顯然就是「開悟」。我認為這個觀點多少正確地把握了開悟的本質。而所謂的「見性」、「本來面目」以及存有的根源，經常是禪師最關心的主題[37]，更佐證了這個觀點。

禪和所有其他哲學和宗教的默觀訓練的差別，在於它**基本上沒有預設**。就連佛本身也被嚴厲拒絕；的確，他幾乎是如褻瀆一般地被棄如敝屣，雖然他是修行最重要的預設。但是他也是個偶像，因此也是要被捨棄的。一切唯當下即是，而那就是一個人完全沒有意識到的預設，正因為它是無意識的，所以他無法擺脫它。那似乎來自虛空的答案，那照澈黑暗的光，總是奇妙的體驗以及蒙福的光照。

意識的世界難免到處都有限制，到處都有橫阻道路的高牆。基於意識的本質，它必然是片面的。每個意識都只能懷有少數同時生起的觀念。所有其他觀念都必須待在看不見的陰影裡。同時出現的內容越多，意識就越模糊不清、混亂，甚至失去方向。意識不僅需要嚴格侷限於少數清楚的內容，甚至這就是意識的本質。經由注意力，我們才能有相續不斷的印象，唯有如此，我們才會有一般性的方向感。然而我們無法始終保持專注，因此我們必須盡量減少同步的知覺和相續不斷的印象的數量。於是，一切可能的知覺的廣袤領域總是被忽略，而意識也總是困於狹窄的圈子裡。人們完全無法相信有一個意識居然可以一眼盡覽所有想像得到的意象。如果一個人用他能夠同時想像的少數幾個清晰明確的表象，就可以建構起整個世界，那麼如果他可以一次就清楚想像到一切，他眼前又會開展出如何神聖的世界呢？而這個問題還只是關於我們的**可能**表象。如果我們加上無意識的內容，也就是還沒有或再也無法被意識到的內容，然後試著想像整個景觀，那會是再大膽的幻想都想不到的。在意識的形式裡，它當然是無法想像的，但是在無意識的形式裡，它卻是一個事實，而在底下伏流著的，是始終存在著的想像的可能性。無意識是一切潛在心理因素的無法窺見的整體，是潛在的本性的「大觀園」。意識時或片段地取出的所有習性，都在無意識裡。如果意識盡可能地空掉他的內容，那麼內容就會落到無意識的狀態（至少是暫時的）。在禪宗裡經常會利用這種壓抑作用（Verdrängung），意識的能量抽離出內容，轉移到空的觀念或公案上面。由於它們必須是穩定的，於是相續不斷的意象乃至於使意識運作的能量也都被中止了。被保存的能量會轉到無意識裡，把它的自然儲藏量推到極致。它也使得無意識內容隨時會突破到意識層次。意識的放空和停歇不是件容易的事，因此需要長期的修行[38]，把能量的張力推到極致，好讓無意識的內容突破到意識裡。

破繭而出的內容絕不是完全散亂無序的。正如精神醫學的經驗所示，意識的內容和闖入意識的各種妄想以及譫妄有某種特別的關係。正常人的夢和作用中的意識之間也有相同的關係。它基本上是**補償性的**關係。[39]意識的內容讓意識取向的整體性（Ganzheit der bewussten Orientierung）[40]所需要補充的一切東西都浮上表面。如果由無意識湧現的各種片段能夠嵌入意識活動當中，就會生起一種心理的存在形式，它更符合個人的整體人格，也因此消弭了意識的和無意識的人格之間徒然的衝突。我們當然都有卑劣的角落，就像是骯髒的、祕密的儲藏室，而與其說它們是無意識的，不如說是被隱藏起來或被淡忘了。無意識是個母體，它孕育出所有形上學命題、神話、哲學（如果它不只是批判性的），以及一切以心理命題爲基礎的生活形式。[41]

無意識的每次入侵，都是在回答意識的某個狀態，而這個回答總是源自現存的一切可能想像的整體，源自整個習性，也就是潛態的心理存在的同時性意象（Simultanbild）。它分裂成個別的意象、片面的東西、片段的性格，正符合意識的性質。習性的回應總是有著整體性的性格，因爲它相當於那還沒有被分別心的意識給分割的本性。因此它的作用便沛然莫可禦。那是個不期然的、開闊的、遍照一切的回答，它的作用更像是光照或神啓，因爲意識把自己困在絕望的死胡同裡。[42]

於是，經過多年的辛苦修行，費力地打破理性思考，習禪者從本性那裡得到答案（而且是唯一的答案），公案所說的一切，也都能夠廓然洞察。的確，大部分禪宗軼聞都是要突顯答案的「本來如此」（Naturhaftigkeit）。的確，我們可以欣然理解故事裡的學生爲什麼要恭順地挨師父幾記響棍以爲鼓勵。[43] 禪師在回答「狗子有無佛性」時的「無」蘊含了何等的智慧啊！但是我們要考慮到，一方面，總是有許多人無法分辨心靈雋語和瞎扯淡的差別，另一方面，也有許多人自恃聰明，認爲他們一輩子遇到的人都是笨蛋。

儘管禪宗在對於宗教蛻變的理解上有很大的價值，對於西方人而言，卻似乎不怎麼有用。在西方國家缺少了習禪所必要的修行前提。我們有誰會無條件地信任一個自負的師父以及他莫名其妙的方法呢？只有在東方，才有對於一個偉大人格的敬意。誰會拍胸脯說，他相信可能有一種無法測度的弔詭的蛻變經驗，而願意犧牲多年光陰辛苦追求那個目標？最後，誰又敢擔保一個異教的蛻變的權威性呢？除非有個不值得信任的人，他因爲疾病的關係而喜歡自吹自擂；那麼他就沒有理由抱怨我們不相信他。但是如果「師父」交代了艱難的功課，那功課不能只是鸚鵡學舌就算了，那麼歐洲人就會心生懷疑，因爲自我成長的崎嶇小徑對他們而言就像地獄一樣的悲慘和黑暗。

我並不懷疑西方世界裡也會有開悟經驗，因爲我們當中會有人嗅到究竟目標，而不辭辛苦地追尋它。但是他們會保持沉默，不是因爲他們羞於啓齒，而是因爲他們知道那是只能意會無法言傳的。因爲在我們的文化裡，包括作爲宗教資產的監護人的教會，沒有任何東西類似於這個宏願。而教會的功能其實就是反對一切諸如此類的極端經驗，因爲它們只會是異端邪說。在我們的文化裡唯一能夠了解這個宏願的，大概就是精神治療了。所以，這篇序言由一個精神治療師來寫，並不是偶然的事。

基本上，精神治療是醫生和病人之間的辯證關係。那是兩個心靈整體之間的對話，在其中，所有知識都只是工具而已。它的目的是蛻變，而且不是預定的蛻變，而是不能預知的改變，唯一的判準是我執的泯滅。醫生的努力並不能保證得到該經驗。他只能讓病人盡量減少對於重要經驗的阻抗心理。如果說，知識在西方的程序裡扮演的角色份量不輕，那麼佛教的傳統精神氛圍在禪學裡的角色也一樣的吃重。禪學及其技巧必須以佛教的精神文化爲基礎，這是它的前提。一個不曾存在的理性主義的知識，是不可能被消滅的。一個禪師不會是無知和沒有教養的產物。而對我們而言，精神治療經常得先突顯出一個有意識的自我，以及一個有意識地培養出來的理解，才能談到消除我執或理性主義。再者，精神治療不像禪師一樣，它的對象不是會爲眞理作任何犧牲的人，而經常是最固執的歐洲人。因此，精神治療的工作當然就更多樣性，而漫長歷程裡的個別階段也會比在習禪當中面臨更多的阻力。

基於以上及其他許多的理由，把禪學直接轉譯成西方的處境，是既不妥當也不可能的事。但是一個關心其治療目的的精神治療師，當他看到一個東方的靈性「療癒」方法的究竟目標時，是不可能無動於衷的。我們都知道，兩千多年以來，有許多頭角崢嶸的東方賢人致力探究該問題，也開展出對應的方法和哲學，那是西方類似的成就難望其項背的。我們的嘗試（除了某些例外）不外乎巫術的（祕教儀式，包括基督教在內）或是知識性的（從畢達哥拉斯到叔本華的哲學）。在我們西半球這裡，只有歌德的精神悲劇《浮士德》和尼采的《查拉圖斯特拉如是說》才稱得上窺見一個「全體性體驗」（Ganzheitserlebnis）的突破。[44]而我們至今仍然不清楚歐洲文化裡最有前景的成就的究竟意義爲何，儘管它們承襲了希臘文明（我們文明的雛型）的物質性和直觀性。[45]雖然我們的知性把猛禽自遠方發現小老鼠的能力發揮到極致，重力卻還是限制了知性，而當知性不再搜尋獵物，而朝內心**探索那個搜尋者**的時候，「諸行」（Sanskaras）也把知性困在一個充滿著讓人困惑的意象的世界裡。的確，知性落入一個難產的陣痛，被無名的恐懼和危險纏繞，面對著各種海市蜃樓和迷宮的威脅。而最坎陷的命運也正威脅著探險者：在他自己的時代裡如深淵般沉默的**孤獨**。有誰知道「巔峰時期作品」（例如歌德的《浮士德》）的深層動機或者「戴奥尼索斯經驗」的震顫是什麼東西？我曾經建議人們去讀一讀藏傳佛教的《中陰救度法》[46]，以了解東方人是怎麼思考我們西方人所謂回歸全體的「死亡之路」的痛苦和不幸。那才是重點，而不是什麼善意、靈巧的模仿，或知性的雜耍。一個沒有專斷而短視的專業意見包袱的精神治療師，經由暗示或片段的資訊，應該可以看到這個問題。如果他囿限於其擬似生物學的信條，他就會一直要把他所觀察到的東西化約爲陳腐的熟悉事物，然後以理性主義的方式概括它們，而大概只有耽於幻覺的人才會對此心滿意足。然而「有某個東西可以讓人滿足」，那才是幻覺的極致。那個幻覺躲在一切無法忍受的事物後面，把所有進步拋在後頭，是最難以克服的東西。如果精神治療師能夠在助人之餘反省一下，或者他偶然被迫看清自己的幻覺，他會看到，所有理性主義的化約論，在面對不斷變化的生命時，是多麼的空洞而膚淺。如果他繼續探索，他就會明白「那誰也都偷偷地走過的墳門戶」[47]所指爲何。

我不想被認爲是在推薦或建議什麼。但是當一個西方國家的人談到禪學時，我覺得有責任告訴那個歐洲人，通往「開悟」的「漫漫長路」的開端在哪裡，而那條只有少數哲人走過的小徑有多少險阻艱難，或許就像是高山上的信號台，在風雨如晦的未來裡照耀著。如果有人認爲「開悟」或「正定」可以在低於那個高度的地方遇見，那會是個很嚴重的錯誤。因爲一個全體性經驗不可能比全體廉價或低下。而它對於心理學的意義可以見諸以下的事實：意識只是整個心靈的一部分，而無法涵攝心靈的全體，因爲它還缺少了橫無涯涘的無意識領域。但是無意識領域既不能以熟練的公式去捕捉，也無法以科學教條去驅魔，因爲裡面附著了類似命運的東西，有時候甚至就是命運本身，正如《浮士德》或《查拉圖斯特拉如是說》經常暗示的。要獲致全體性，就需要全體的介入。少一分都不行；沒有料揀或替代，也沒有妥協。《浮士德》或《查拉圖斯特拉如是說》儘管評價甚高，對於歐洲人而言卻深奧難解，同樣的，我們很難期望初窺心靈的幽暗世界的有識之士們，對於一個陷於「個體化歷程」（Individuationsprozess）（即我所謂「成爲整體」的經驗）的種種困惑的人的心境，能夠有什麼正確的觀念。於是人們拿出病理學的辭彙，用「精神官能症」、「精神病」之類的術語安慰自己，嘴裡嘟囔著「創造性的奧祕」，但是如果他們剛好不是詩人，又能「創造」出什麼東西呢？由於這樣的誤解，現在有許多人僭稱自己是「藝術家」。彷彿「藝術」和「能力」沒有關係似的。如果人們沒有什麼可以「創造」，那麼他們或許可以創造自己。

禪學透顯了「成爲整體」（Ganzwerdung）對於東方人的意義有多麼重要。探究禪學謎語或許可以爲怯懦的歐洲人壯膽，或者爲他們的近視配一副眼鏡，好讓他們至少能夠「管窺」至今仍然籠罩在霧裡的心靈經驗的世界。而結果也不會太差，因爲藉著「自我暗示」[48]，那些驚弓之鳥可以免於繼續墮落或類似的重大事件。然而我要提醒專心且有同感的讀者，不要低估東方人的心靈深度，或者以爲禪學是很容易的事。[49]西方人熱中於字面意義的態度，對於東方的思想寶藏並沒有什麼妨礙，因爲在禪學裡幸好不像在印度宗教裡那樣，沒有那麼多深奧難懂的語詞。禪學也沒有像哈達瑜伽[50]那樣複雜的技巧，那些技巧反而會讓以生理學思考爲取向的歐洲人誤以爲可以經由靜坐和調息獲致精神的成就。相反的，習禪需要的是知性和意志力，正如成就許多偉大事業一般。

1：D. T. Suzuki, *Die grosse Befreiung. Einführung in den Zen-Buddhismus* (Rascher, Zürich 1939; Neuauflage 1958)。（中譯《大解脫》）

2：「正如東方的作者所說，禪原本是佛陀的『捻花說法』，世尊在會上捻花示眾，是時眾皆默然，唯迦葉尊者破顏微笑。」（Ohasama, *Zen. Der lebendige Buddhismus in Japan*, p. 3）

3：Suzuki, *Die grosse Befreiung*, p. 133。

4：同前揭：pp. 125, 129ff.。

5：Nukariya, *The Religion of the Samurai*, p.133f.。

6：「禪既非心理學也不是哲學。」（Suzuki, *Essays in Zen Buddhism II*, p. 84）

7：Otto in: Ohasama, *Zen*, p.VIII。

8：儘管我試著在底下要「解釋」，我很明白，就「悟」的意義而言，我說的任何話都沒有用。我卻忍不住要讓西方的理解更貼近一些，但是那難免會牴觸禪的精神。

9：見：*Texte aus der deutschen Mystik des 14. und 15. Jahrhundert*, hg. von Spamer, p.143。

10：William White, *Emanuel Swedenborg I*, p.243ff.。

11：「禪學無疑是東方人所得到的最珍貴且在許多方面都極爲卓著的精神恩賜。」（Suzuki, *Essay I*, p. 249）

12：一個禪師曾說：「老僧三十年前未曾參禪時，見山是山，見水是水。後來參禪悟道，見山不是山，見水不是水。而今個休歇處，依然見山是山，見水是水。」（Suzuki, *Essay I*, p 12）

13：見：*The Religion of Samurai*, p.123。

14：同前揭，p. 124：「開悟的結果即爲見到自性。那是心的泯除我執。」

15：同前揭，p.132。

16：*Das Büchlein von vollkommenen Leben*, hg. von Büttner, p.4。

17：同前揭，p.8。

18：在禪宗裡也有類似的意象：有禪師被問到什麼是佛性時說：「桶底脫落。」（Suzuki, *Essays I*, p. 217）另一個意象則是「解卻布袋口」。（同前揭，II, p.130）

19：同前揭：pp. 220, 241。禪意味著見到人的自性或是本來面目。另見：Suzuki, *Die grosse Befreiung*, p. 144。

20：*Meister Eckharts Schriften und Predigten*, hg. von Büttner I, p. 176f.。

21：Suzuki, *Die grosse Befreiung*, p. 130

22：同前揭，p. 125。

23：「上根下其枝，太古菩提樹。……又稱曰大梵，唯是永生者。」（*Katha-Upanishad*, II Adhyaya, 6 Valli, 1; in Sacred Books of the East XV, p. 21）（中譯《羯陀奧義書》第二章第六輪）

24：John of Ruysbroeck, *The Adornment of the Spiritual Marriage*, p. 47。我們不能假設說這個在一二七三年出生的法蘭德斯神祕主義者的意象是襲自印度經典。

25：同前揭，p. 51。

26：同前揭，p. 57。

27：同前揭，p. 62。

28：「心自性法藏，無我離見垢。智證之所知，願佛與宣說。」語出《楞伽經》（Suzuki, *Essays I*, p. 78）

29：有個禪師說：「即心即佛，見心即見佛。」（同前揭，II, p.78）

30：「現在活著的，不再是我，乃是基督在我裡面活著。」（《加拉太書》2：20）

31：鈴木大拙談到這個轉變時說：「以前的思惟盡皆被拋去，世界因而有了新的意義。一個開悟者說他以前活在幻覺裡，或是說他們從前『錯了』，因而捨舊從新，也有的說一直不知有個美好的天地，像『清風』、『明珠』一樣存在於人間。」（*Essays I*, p. 235）另見：Suzuki, *Die grosse Befreiung*, p. 123f.。

32：*Cherubinischer Wandersmann*。

33：「開悟是最內在的個人經驗。」（Suzuki, *Essays I*, p. 247）溈山禪師對香嚴說：「我若說似汝，汝已後罵我去。我說底是我底，終不干汝事。」（p. 227）大安禪師即造予百丈，禮而問曰：「學人欲求識佛，何者即是？」百丈禪師曰：「大似騎牛覓牛。」（II, p. 59）有個禪師說：「證無所證，此即佛無他。」（II, p. 59）

34：Suzuki, *The Training of the Zen Buddhism Monk*。

35：Suzuki, *Essays II*, p. 74。

36：「禪的意識必須發展成熟。當它完全成熟時，我就會明白，禪的意識是經由開悟的形式窺見無意識。」（Suzuki, II, p. 46）

37：禪的第四個規範即爲「見性成佛」。（Suzuki, *Essays I*, p. 7）一僧問惠能說法，惠能說：「哪箇是你父母未生前本來面目。」（p. 210）有一部日本禪學作品說：「若欲覓佛，須是見性，性即是佛。」（p. 219）一個開悟經驗對禪師顯示「原人」。（p.241）惠能說：「不思善，不思惡，正與麼時，那箇是明上座本來面目。」（II, p. 28）

38：禪宗東土初祖菩提達磨說：「諸佛無上妙道，曠劫精勤，難行能行，非忍而忍。豈以小德小智，輕心慢心，欲冀眞乘，徒勞勤苦。」（I, p. 176）

39：很可能只是補充的關係。

40：這個「必要性」只是個操作性假設。人們對此應該會有許多不同的意見。例如說，宗教觀念眞的是「必要的」嗎？只有個人的生命或即個人經驗才能去決定它。對此並沒有什麼抽象的判準。

41：「心分別則現萬象，心無分別即見實相。」語出古本《楞伽經》（Suzuki, *Essays I*, p. 88）

42：六祖對弟子玄策說：「誠如所言，汝但心如虛空，不著空見，則應用無礙；動靜無心，則凡聖情忘；能所俱泯，則性相如如，無不定時也。」（Suzuki, *Essays I*, p. 209）

43：見：Suzuki, *Die grosse Befreiung*, p. 131。

44：我要提一下英格蘭的神祕主義者布雷克（William Blake）。另見：Milton O. Percival, *William Blake's Circle of Destiny*。

45：希臘人的天才指的是意識闖入物質世界，褪去它原本的夢境。

46：Evans-Wentz, *Das tibetanische Totenbuch*。

47：*Faust*, 1. Teil, 1 Szene。

48：Suzuki, *Die grosse Befreiung*, p. 132。

49：「禪不是消遣，而是生命的嚴肅課題。沒有哪個笨蛋會膽敢接近它。」（Suzuki, *Essays I*, p. 16; *Die grosse Befreiung*, p. 76）

50：「汝若坐禪，即是殺佛；若執坐相，非達其理。」（Suzuki, *Essays I*, p. 222）

譯注

❶：見《五燈會元》卷七。

❷：忽滑谷快天（1867-1934），日本佛教學者，著有《禪學思想史》、《禪學批判論》、《禪學新論》、《朝鮮禪教史》、《曹洞宗宗意私見》。

❸：意爲「不妥處刪去」，爲十七世紀法國文學審查制度的用語。

❹：魯道夫・奧托（Rudolf Otto, 1869-1937）：德國著名的宗教學家，著有《論神聖》、《西方和東方的神祕主義》。

❺：雅各・波姆（Jacob Boehme, 1575-1624），德國神祕主義神學家。

❻：艾克哈特大師（Meister Eckhart, 1260-1328），德國神祕主義哲學家、神學家。

❼：史威登堡（Emanuel Swedenborg, 1688-1772），瑞典科學家、哲學家、神祕主義者。

❽：見《五燈會元》卷三。

❾：雷斯博克（John of Ruysbroeck, 1293-1381）法蘭德斯地區的神祕士義者。

❿：西勒修斯（Angelus Silesius, 1624-1677），波蘭神祕主義詩人。

⓫：聖依納爵（Saint Ignatius of Loyola, 1491-1556），耶穌會創立者。

〈作者自序〉

禪學的入門書

本書收錄的論文原是爲《新東方》雜誌寫的，那是一九一四年第一次世界大戰期間在日本發行的刊物，由羅伯遜・史考特先生（Robertson Scott）主編。編輯曾建議集結成書，但當時我無此想法。其後，它們則成爲《鈴木大拙禪論集》（*Zen Essays*, 1922）第一輯的材料，自然在內容上有所重疊。

但是最近我又想到把舊稿整理成書。理由是我的《禪論集》對於禪的入門者而言太過沉重。對於我的外國朋友來說，入門作品或許更受歡迎吧？於是，我把手稿全部整理一遍，訂正若干用語和出處。儘管還有幾個地方似乎可以修潤一下，但是我沒有更動，因爲那勢必要全部改寫。只要它們不會引起誤解，我也就保留原貌了。

如果說，本書是一部禪學的入門書，而且可以作爲研究我的其他著作的初階作品，那麼它算是成功。本書並不想從學術角度去探討任何主題。此外，本書的姊妹作《禪佛教手冊》（*Manual of Zen Buddhism*, 1935），我推薦讀者和《鈴木大拙禪學入門》一起閱讀。

鈴木大拙　一九三四年八月於鎌倉

第一章

緒論

An Introduction to Zen Buddhism

佛教在其開展歷程裡成就了一種形式，而有別於所謂原始佛教的類型，其成就之波瀾壯闊，使得我們有理由去強調它的兩個教派的歷史區分，亦即大乘佛教（Mahayana）和小乘佛教（Hinayana）。其實，大乘佛教及其諸宗，無非佛教的一個開展形式，也都要溯源到它的印度創教者，偉大的佛陀釋迦牟尼（Sakyamuni）。大乘佛教的這個開展形式傳入中國乃至於日本，而再度開枝散葉。這些成就無疑要歸功於中國和日本的佛教諸聖哲，他們知道如何以教法去隨順變易不居的生命情境以及人們的宗教渴望。而他們的苦心孤詣和隨順則又擴大了大乘佛教[1]和原始佛教之間既存的差異。到了現在，原始佛教那些最顯著的性相，在大乘佛教可以說已不復得見，至少在表面上如此。

佛教最重要的面向之一

於是有人會說，這個佛教支系其實不是一般所理解的佛教。但是我認爲，任何有生命的東西都是個有機體，而有機體的本質就在於它絕不停滯在同一個存在狀態裡。一顆橡實，甚至是甫破殼而出的小橡樹新綠嫩葉，都迥異於魁梧壯碩而高聳入雲的大橡樹。但是在變化的諸相裡，卻有著一個成長的連續性以及明顯的同一性痕跡，我們由此得知那是同一株經歷了成長各階段的橡樹。所謂的原始佛教是種子，由它誕生了將會繼續成長的東方佛教。學者或許喜歡談歷史上的佛教，但是我不想只是從歷史開展去探究佛教，而且要就其作爲東方精神的源頭活水而與我們息息相關的觀點去看待它。

在已經成長茁壯的佛教諸宗派裡，尤其是在中國和日本，我們看到一個卓爾不群的教派，主張直接得到佛陀密付正法眼藏護持，既不是經由祕典，也沒有任何神祕儀式。該教派是佛教最重要的面向之一，不只是就其歷史的重要性以及精神生命力而言，更是在於它最具原創性和啓發性的演示方式。學者稱它爲「佛心宗」（buddhahridaya），但是人們更習慣稱它爲「禪」（Zen）。禪不同於「禪那」（Dhyana），儘管「禪」這個字是梵語的中譯，我會在後面解釋。

就許多方面而言，該宗派在宗教史裡都非常獨特。就理論而言，其學說可以說是屬於思辨的神祕主義（speculative mysticism），但是由於其闡說和演示方式，只有長期修行且窺得該體系堂奧的禪門弟子才能領略其究竟意旨。不得其法門的人，也就是沒有在行住坐臥裡去體會「禪」的人，它的禪法甚或它的話語，總會讓人覺得怪異、粗魯，甚或深奧難解。他們以概念去理解「禪」，認爲「禪」根本是荒謬、可笑，或是故弄玄虛，裝得莫測高深，讓外在批評不得其門而入。但是對於習禪者而言，它看似弔詭的說法並不是要故布疑陣，而只是因爲人類的語言不是表現禪的深刻眞理的合宜工具，那些眞理不會是邏輯解說的主題；它們必須在心靈深處去體會，才有可能被理解。其實，在人類的其他經驗裡，沒有任何語言像「禪」如此平易而直截了當的。「炭是黑的，」這句話夠簡單了；但是「禪」會反駁說：「炭不是黑的。」這句話也夠簡單了；如果我們窮究其眞理，它甚至比前者的肯定句還要簡單。

堅持內在的精神經驗

因此，在「禪」裡，個人體驗比什麼都重要。沒有體驗爲基礎的人，不可能領略任何觀念。那已經是老生常談了。嬰兒沒有觀念，因爲他的心智尚未發展到能夠以觀念的方式去經驗任何事物。即使他有什麼觀念，也應該是非常模糊不清，無法和實在世界對應。因此，如果要最清晰且有效率地理解事物，一定要經由個人經驗。尤其是關於生命本身的東西，個人體驗是絕對必要的。如果沒有體驗，就無法如實理解生命的全體大用。所有概念的基礎都是簡單樸實的經驗。「禪」非常強調這個基礎經驗，也圍繞著經驗搭起在禪宗「語錄」裡隨處可見的語言和概念的鷹架。儘管這個鷹架是探究深處實在界最有用的工具，它畢竟是假言施設。如果我們以爲它就是究竟實相，就喪失了它的整個意義。人類知性的本質使我們不太敢相信上層結構的東西。神祕化絕對不是「禪」本身的目的，但是對於不曾窺見生命實相的人們而言，「禪」難免顯得深微窈冥。只要穿過概念的上層結構，人們想像中的深微窈冥瞬即煙消雲散，同時也會有所謂的「開悟」。[2]

因此，禪始終非常堅持內在的精神經驗。它並不重視經典以及論師的經釋。它以個人的體驗去和權威以及客觀的開示分庭抗禮，而習禪者也主張以「禪那」作爲開悟的實證法門，在日本稱爲「坐禪」（zazen）[3]。

在此我必須約略提一下習禪者爲求證道（即前述的基礎體驗）的禪法訓練。因爲那是「禪」和其他形式的神祕主義的主要差異所在。對於大多數的神祕主義者而言，如此的靈性經驗是非常個人的東西，它是偶發性的、孤立而無法預期的。基督教徒以祈禱、苦行或所謂的默觀作爲領受它的工具，認爲那種經驗的實現是神的恩賜。但是正如佛教並不認爲這種事需要超自然的代理人，禪的修行方法也很實際而且有系統。在中國禪宗史裡，一開始就看得到這個傾向；其後終於出現了正規的體系，到了現在，禪宗已經有一套讓習禪者實修證道的完整方法。禪的實踐價值就在這裡。儘管禪是高度思辨性的，但是有系統的訓練對於道德人格的陶冶也頗有助益。當禪在行住坐臥當中被表現時，我們有時候會忘記它的高度的抽象性格；但是那正是我們必須去領略禪的眞正價值所在，因爲即使是豎一指，或在路上和朋友打招呼，禪也可以發現難以言喻的深刻思想。在禪的眼裡，最實際的東西也是最深奧的，反之亦然。禪的所有訓練體系都是這個根本經驗的產物。

禪是自成一格的神祕主義

我曾說「禪」是一種神祕主義。我不得不這麼說，因爲「禪」被視爲東方文化的基調；這也是爲什麼西方人經常無法準確測度東方精神的深度，因爲神祕主義在本質上是難以用邏輯去分析的，而邏輯又是西方思想最獨特的性質。東方的論理方法是綜合性的（synthetic）；它比較不重視殊相的闡釋，而著眼於對全體的直觀性把握。因此，如果說有所謂的東方精神，那麼它必然是含混而不明確的，門外漢難窺全豹。它就擺在眼前，我們無法視而不見，但是當我們努力要抓住它，仔細且有系統地檢視它，它就逃得無影無蹤。禪就是如此惱人地瞻之在前忽焉在後。當然，這並不是東方精神的結構爲了躲避別人的審視而刻意設計或預謀的詭計。深不可測正是所謂東方精神的結構。因此，要理解東方，我們必須先理解神祕主義，也就是「禪」。

但是我們要記得，神祕主義有各式各樣的類型，理性的和非理性的、思辨的和祕教的，能感知的和幻想的。當我說東方是神祕主義的時候，並不是說它是幻想的、非理性的、完全不可能納入知性理解的領域。我的意思只是說，在東方精神的作用裡，有著某種安詳、靜寂、沉默、轂紋不興的東西，它似乎總是在諦觀著永恆。但這種寂靜和沉默絕不是指單純的無所事事或槁木死灰。所謂沉默不是草木不生的沙漠，也不是長眠腐朽的屍體。它是一種「永恆的深淵」（eternal abyss）的沉默，其中掩埋了一切對立和相依相待；它是神的沉默，祂沉浸於默觀其過去、現在和未來的成就，靜靜坐在絕對的「一即一切」的王座上。它是兩極電流的閃電和巨響的「雷鳴的沉默」。這類沉默充斥於一切東方事物之中。把它視爲槁木死灰的人們要倒大楣了，因爲他們很快會被出自「永恆的沉默」的磅礴行動給嚇呆了。我所謂的東方文化的神祕主義，就是指這個意思。而我也可以說，這種神祕主義的陶冶，主要是受到禪的影響。如果說，佛教要在東方開展，以滿足人們的靈性渴求，那麼它就必然要發展出禪學來。印度人很喜歡神祕主義，然而他們的神祕主義太重視思辨，太耽於冥想，也太複雜了，而且似乎和我們居住的殊相的現實世界沒有什麼眞實或重要的關係。取代地，東方的神祕主義是直截了當的、實際而又非常簡單明白。而禪正是它唯一的歸趣。

中國和日本的其他佛教宗派，在在清楚顯示它們的印度傳承。因爲它們複雜的形上學，冗長囉嗦的術語，高度抽象的論理，對於萬物本質的洞察，以及對於生命的完備詮釋，顯然都是印度產物，完全不是中國或日本式的。任何熟悉東方佛教的人，一眼就看得出來。例如眞言宗極爲複雜的儀軌，以及用以解釋宇宙的「曼荼羅」（Mandala）的繁複體系。如果沒有先受到印度思想的影響，中國人和日本人不可能構想出如此複雜難解的哲學網。我們再看中觀派（Madhyamika）、天台宗和華嚴宗的哲學的思辨性程度有多麼高。它們的抽象性和邏輯剖析能力眞是令人嘆爲觀止。這些事實說明了，東方佛教的那些宗派基本上都是舶來貨。

然而，在觀察了整個佛教的領域以後，我們回到禪宗來，就不能不承認，它的簡單、直接、實用主義（pragmatic）的傾向，以及與日常生活的密切關係，顯然有別於其他佛教諸宗派。禪的主要觀念無疑是源自佛教；而且我們也不能不把它視爲佛教的正統開展；但這個開展卻是爲了要滿足東方人獨特的心理性格。佛教精神爲了實際的生活修行，而捨棄了高度形上學的上層結構。而其結果就是禪。因此我可以大膽地說，我們可以看到東方民族（尤其是日本）的哲學、宗教和生命本身，都在禪學裡被體系化了，或更好說是具體化了。

1：正確地說，大乘的基本觀念是由般若經系闡釋的，最早的經論出現在佛滅度後三百年間。其種子無疑就蘊藏在所謂原始佛教的經典裡。然則，如果佛陀弟子們無法在遷流不息的生命情境裡實證他的教法，它們就無法開展，也就是體認到它們是創教者的根本教法。印度的佛教徒有了更豐富的體會和更成熟的反省，就成立了有別於原始佛教的大乘形式。在印度有兩個著名的大乘教派：龍樹（Nagarjuna）的中觀派（Madhyamika），以及無著（Asanga）、世親（Vasubandhu）的唯識宗（Vijnaptimatra）或即瑜伽行派（Yogacara）。在中國則開展出更多宗派：天台宗、華嚴宗、淨土宗、禪宗等等。此外，在日本有眞言宗、淨土眞宗、臨濟宗。凡此諸宗皆屬於大乘佛教。

2：見後文。

3：關於「坐禪」的正確意義，請見〈禪堂〉一章。

第二章

禪是什麼？

An Introduction to Zen Buddhism

著手詳細闡釋禪學以前，讓我先回答批評者經常提出幾個關於禪的本質的問題。

禪像大部分的佛教教法一樣，是一種高度知性和形上學的哲學體系嗎？

我曾說我們在禪裡頭看到所有東方哲學的具體化，然而那並不意味著禪是一般意義下的哲學。禪絕對不是一個以邏輯和分析爲基礎的體系。它甚至是邏輯的對立面，我所謂的邏輯是指二元論的思考模式。禪裡頭或許有個知性元素，因爲禪是整體的心靈，在裡頭可以看到森羅萬象；但是心靈並不是一個可以分割爲許多機能、而解剖以後一無所剩的組合物。禪並不以知性分析對我們開示任何東西；它也沒有任何規定弟子們要接受的教義。就此而論，你也可以說禪並無定法。習禪者或許有些禪法，但那是基於自身的考量，爲了他們自己的方便；他們不認爲那是因爲禪的緣故。因此，在禪裡頭並沒有什麼聖典或經教，也沒有任何可以直指禪的根本意義的咒語。如果有人問我說禪有什麼教法，我會說禪並無任何教法。即使禪有什麼教法，也是出自自家心裡。我們以自己爲師；禪只是指路而已。除非指路本身就是教法，否則禪並不刻意規定什麼東西作爲其教旨或基本哲學。

禪宣稱是佛教，但是經論裡提出的一切教法都被禪視爲只是浪費紙張，其作用也只在於拂去知識的塵埃，如此而已。但是我們不應就此以爲禪是虛無主義。所有虛無主義都是自我破壞的，不知鄉關何處。否定主義（Negativism）作爲一種方法並無不妥，但是最高的眞理是一種肯定。當我們說禪沒有哲學，說它呵佛罵祖，否認所有教法權威，將一切經論棄若敝屣，我們不要忘記，禪就在否定的同時舉示了某種相當正面且永恆肯定的東西。我們在後面會闡明這點。

禪是一種宗教嗎？它不是一般意義下的宗教；因爲禪並不敬拜神，也沒有什麼儀軌；亡者也沒有什麼歸宿。更重要的是，禪不需要他者去照顧靈魂的幸福，也不很在乎靈魂不滅的問題。禪沒有任何信理或「宗教」的累贅。

當我說禪裡頭沒有神，虔信的讀者或許會很吃驚，但這並不意味著禪否定神的存在；肯定或否定都不是禪所關心的。當一個東西被否定時，否定本身就蘊含著某個沒有被否定的東西。肯定亦復如是。這在邏輯裡是難免的事。禪想要超越邏輯，禪想要尋求一個沒有反命題的更高的肯定。因此在禪裡頭既不否認也不堅持神的存在；只是在禪裡面沒有猶太教或基督宗教所理解的那種神。禪既不是一種哲學，同理，禪也不是一種宗教。

禪相信人的清淨自性和善

至於在禪寺裡可以看到的佛、菩薩和天人諸眾的雕像，他們只是木頭、石頭或金屬而已；和我家花園裡的山茶花、杜鵑花或石燈沒什麼兩樣。禪會說，那麼乾脆就膜拜盛開的山茶花好了。相較於頂禮諸佛菩薩、灑聖水或領聖餐，膜拜山茶花一樣也很有宗教意義。大部分有所謂宗教信仰的人們認爲有福報或神聖的敬拜行爲，在禪的眼裡都只是人爲造作而已。它甚至大膽地說：「持戒苾芻不升天堂，破戒比丘不入地獄。」❶對於凡夫而言，此番話無異於否認了道德生活的習慣法則，但是其中卻蘊藏著禪的眞理和生命。禪是一個人的精神。禪相信人的清淨自性和善。任何增減損益都會斲喪精神的完整性。因此，禪特別反對一切宗教習俗。

然而它的反宗教只是個表象而已。眞正有宗教信仰的人們會赫然發現到，在禪的粗野宣言裡竟然也有如此深刻的宗教蘊義。但是說禪是如基督教或伊斯蘭教一般的宗教，那也是一個誤解。我舉一個故事解釋一下。傳說釋迦牟尼佛初生下時，一手指天，一手指地，說：「天上天下，唯我獨尊。」創立雲門宗的雲門文偃禪師卻說：「我當時若見，一棒打殺與狗子喫。」❷一般人看到如此狂妄的評語，會對禪師作何感想呢？但是其後的禪師❸卻讚嘆雲門是「將此身心奉塵剎，是即名爲報佛恩」。

禪要一個人的心自在無礙

禪不能和「新思想運動」（New Thought）❹、基督教科學會（Christian Scientist）❺、印度的遁世者（Sannyasins）❻或某些佛教徒的默觀形式混為一談。禪認為「禪那」並不等於禪修。一個人或許會在禪的訓練裡沉思一個哲學或宗教的主題，但那只是附帶的事。禪是要覺照心靈的眞正本性，據以訓練心靈本身，作自心的主人。直指自心或即靈魂的實相，是禪宗的基本目標。因此，禪不只是一般所謂的默觀或禪那。禪的訓練在於開啓心眼，以澈照存在的理由。

在默觀時，必須繫念一處，例如神的統一性，或是其無限的愛，或是諸行無常。然而那卻正是禪亟欲擺脫的。如果禪有強調什麼東西的話，那會是得到自由，亦即拋去一切不自然的葛藤。默觀是施設造作的東西；它並不是自心的本有活動。空中鳥默觀什麼？水中魚默觀什麼？他們只是飛翔，只是優游。這還不夠嗎？誰要執念於神與人的統一性，或是此生的虛無？誰要在每天的生活裡煩惱那些關於神的善或地獄的無窮烈火的默觀？

我們可以說基督宗教是一神論，吠陀宗教是泛神論；但是我們無法以類似的主張去談論禪。禪既不是一神論也不是泛神論；禪並不適用這些名稱。在禪裡面並沒有什麼執持的對象。禪是虛空中飄蕩的雲。沒有螺絲鎖住它，也沒有繩索繫住它；它任運自在。**任何默觀都無法將禪繫於一處**。默觀不是禪。無論是泛神論或是一神論，都不是禪所專注的主題。如果禪是一神論，它會要弟子們默觀那以遍照世界的聖光泯除一切差別分殊的萬物一體性。如果禪是泛神論，它會告訴我們說，即使是田野裡最平凡的花朵，也映現著神的榮光。但是禪會說「萬法歸一，一歸何處？」❼禪要一個人的心自在無礙，即使是一或全體的概念，也都是絆腳石和葛藤，只會戕害精神本來的自由。

因此，禪不會要我們去沉思狗子是不是神，或者三斤麻有無神性。如果禪這麼做，那麼它就落入某個哲學體系，也就再也不是禪了。禪只是去感覺火的溫暖，冰的冷冽。因爲天寒時我們會冷得發抖而就火。正如浮士德（Faust）所說的，「感覺便是一切」❽。但是此處所指的「感覺」必須就其最深層且純粹的形式去理解它。即使只是說「就是這個感覺」，也意味著禪已經不在了。禪是無法概念化的。此即爲什麼禪難以捉摸。

如果說禪主張任何默觀，那也會是如實觀照雪的白，烏鴉的黑。當我們談到默觀，大部分是指它的抽象性格；亦即，默觀是指念頭專注於相當普遍化的命題，而和具體的生活事務無甚關係。禪是知覺或感覺，而不是抽象或沉思。禪會浸潤而消融於其中。然而，默觀卻是極端二元論的，其結果也就難免很膚淺。

有人[1]批評說禪是「聖依納爵的『神操』的佛教翻版」。它顯示評論者極力要以基督宗教和佛教作類比，此即一例。然而對禪稍有涉獵者一眼就可以看出該比較如何擬於不倫。就算就表面上看，禪修和耶穌會創設者所提倡的神操也沒有半點類似的地方。聖依納爵的默想和禱告，在禪的眼裡，只是爲了信徒方便假設的虛構物，其實猶如在一個人的頭上疊磚頭，於屬靈生活無甚裨益。不過我們倒是可以說，「神操」有點像小乘佛教的止觀法門，例如「五停心觀」❾、「九想觀」❿、「六念處」⓫或「十念處」⓬。

禪有時候被認爲是「殺心逐妄」。《日本的宗教》（*Religicns of Japan*）的著名作者葛瑞菲斯（Griffis）⓭如是說[2]。我不知道他所謂的「殺心」究竟指的是什麼，他是說禪以心一境性或入眠去「殺死」諸心行嗎？萊蕭爾（Reischauer）⓮在其作品裡[3]幾乎爲葛瑞菲斯背書，說禪是「神祕主義的自我陶醉」。他是說禪陶醉在「大我」裡，正如斯賓諾莎（Spinoza）沉醉在神裡頭嗎？雖然萊蕭爾沒有說明「陶醉」所指爲何，他或許是認爲禪耽溺於「大我」的思想裡，以爲那是在此殊相世界裡的究竟實相。看到對於禪無批判能力的評論者如此的淺薄鄙陋，讓我著實驚訝。其實，禪並無「心」可殺；因此在禪裡頭也就沒有什麼「殺心」可言。禪也沒有我們可以歸依的「自我」；因此禪也沒有我們可以陶醉的「自我」。

禪的外在面向捉摸不定

其實，禪的外在面向是極爲捉摸不定的；當你認爲窺見它時，它早已鳥飛無跡；它瞻之在前，忽焉在後。因此，除非以數年時間窮究其基本原理，否則總是不得其門而入。

「升上到神那裡的方法，就降下到自己裡頭，」雨果（Hugo）如是說[15]。「如果你要挖掘神的深層東西，那就挖掘你自己的靈的深處，」聖維克多的理查（Richard of St. Victor）如是說。[16]但是當你挖掘出一切深層的東西時，畢竟沒有什麼「自我」。當你降下時，也找不到任何可以測量其深度的「靈」或「神」。因爲禪是無底深淵。禪會以另一種方式說：「三界無法，何處求心。四大本空，佛依何住。璿璣不動，寂爾無言。覿面相呈，更無餘事。珍重。」[17]須臾猶豫，禪便一去不返。三世諸佛都要你再一次擬舉，卻已經是「三千里外」。「殺心」、「自我陶醉」，誠然！禪沒時間去和這些評論瞎攪和。

評論者或許會說，禪把心智催眠成無意識狀態，好去體悟佛教所謂的「空」（sunyata），主體在其中無法意識到客觀世界或自我，落入廣袤的空裡頭。這個詮釋同樣誤解了禪。的確，禪的某些語詞或許暗示著這樣解釋，但是如果要了解，我們必須做個跳躍。我們必須橫越那個「廣袤的空」。如果主體不想被活埋的話，它必須從一個意識狀態裡醒來。唯有拋棄「自我陶醉」，而且「醉漢」也要眞正醒覺到他的深層自我，才可能體悟到禪。如果有所謂「殺」心，那就交給禪吧；因爲禪會讓被殺者和無生命者重獲永生。禪會說：「重生吧，從夢裡醒來吧，從死裡復活吧，你這醉漢。」因此，不要矇著眼去看禪，你的手抖得太厲害了，也無法抓得著禪，而且不要忘記，我不是喜歡耍嘴皮的人。

這類批評不勝枚舉，我希望以上舉隅足以讓讀者接受對於禪的正面描述。禪的基本理念是要探索我們存有的內在結構，而且是儘可能以直接的方式而不假外求。因此，禪呵斥一切類似外在權威的東西。絕對的信仰只在一個人的內在存有裡。如果禪裡頭有任何權威，那也是來自內心。這是在最嚴格意義下的眞理。即使是論理能力，也不被認爲是究竟或絕對的。取代地，它會障礙心和自身最直接的溝通。知性的任務只是一個媒介，而禪則無關乎媒介，除非它想要和他人溝通。因此，一切經教都只是方便假設，其中並無任何究竟。禪要如實把握生命的核心事實，而且是以最直接且生動的方式。禪自稱是佛教的精神所在，其實它也是一切哲學和宗教的精神。當人們完全體會到禪，他就會得到心的絕對平安，也可以正其性命。除此之外，我們夫復何求？

或謂，既然禪的確是一種神祕主義，那麼它在宗教史裡就不是什麼獨一無二的東西。或許是吧；但是禪是自成一格的神祕主義。它所謂的神祕主義，無非日照花開，或是我現在聽到有人在街上打鼓的聲音。如果這些都是神祕主義的東西，那麼禪有一籮筐。有人問禪師什麼是禪，他回答說：「平常心。」[18]這不是很平凡直接嗎？它和什麼教派精神一點關係也沒有。基督徒和佛教徒都可以習禪，正如大魚小魚都可以在海裡悠游。禪是海洋，禪是空氣，禪是山，禪是雷鳴閃電，是春天的花，是夏天的暑熱，是冬天的雪，不，不只如此，禪更是人。儘管禪宗史裡積累了許多形式、習慣和附會，但是它的核心事實卻始終生機盎然。此即禪的殊勝之處：我們可以不偏不倚地觀照究竟實相。

如前所述，禪在日本佛教裡的獨特之處，在於它有系統的修心法門。一般的神祕主義總是過於奇詭譎怪而脫離常軌；禪則對此有著重大的革命。禪把那高亢入雲的東西拉回到地上來。隨著禪的開展，神祕主義也就不再神祕莫測；它不再是精神異常者的突發性症狀。因爲禪就開顯於市井小民最平凡無奇的生活當中，在行住坐臥當中體會生命的實相。禪以有系統的修心去觀照它；禪打開人的心眼而得見那周行不息的偉大奧祕；它打開人的心量，在一彈指間領受時間的永恆和空間的無限；它讓俗世生活猶如在伊甸園裡漫步一般；而一切靈性的造就皆不假任何教義，而是直指那蘊藏在我們自性裡的眞理。

無論禪是什麼，它總是實證的、平凡的，同時又是最有生命力的。古代有一位禪師，在說明禪是什麼的時候豎起一指[19]，有一位禪師則是踢球示之[20]，更有一禪師掌摑問道者[21]。如果那深藏於我們自性的內在眞理如是開示，那麼禪豈不是一切宗教當中最實證且直接的靈修方法嗎？這個實修方法不也是最原創的嗎？的確，禪總是原創性的，因爲它不和概念打交道，而只關心生活的實相。若從概念去理解，那麼豎一指也只是日常生活裡的一件瑣事；但是在禪的眼裡，它卻迴盪著神性的意義和創造性的生命力。只要禪能在我們陳腐而拘於概念的生活裡指出這個眞理，那麼我們就必須承認它有其存在的理由。

我引一段圜悟禪師㉒的書簡，或許多少可以回答章首關於「禪是什麼」的問題。

覿面相呈，即時分付了也。若是利根，一言契證已早郎當。何況形紙墨，涉言詮，作路布。轉更懸遠。然此段大緣，人人具足。但向己求，勿從它覓。蓋自己心無相，虛閑靜密，鎮長印定，六根四大，光呑群象。若心境雙寂雙忘，絕知見，離解會，直下透徹，即是佛心，此外更無一法。是故祖師西來，只言直指人心，教外別行，單傳正印，不立文字語句，要人當下休歇去。若生心動念，認物認見，弄精魂，著窠窟，即沒交涉也。

石霜道：「休去歇去，直教唇皮上醭生去，一條白練去，一念萬年去，冷湫湫地去，古廟裡香爐去，但信此語依而行之。」放教身心如土木，如石塊。到不覺不知、不變動處。靠教絕氣息，絕籠羅，一念不生。驀地歡喜，如暗得燈，如貧得寶，四大五蘊輕安，似去重擔，身心豁然明白。照了諸相，猶如空花，了不可得，此本來面目現，本地風光露。一道清虛，便是自己放身舍命，安閑無為，快樂之地。千經萬論只說此。前聖後聖，作用方便妙門只指此。如將鑰匙開寶藏鎖，門既得開，觸目遇緣，萬別千差，無非是自己本分，合有底珍奇。信手拈來，皆可受用，謂之一得永得，盡未來際，於無得而得，得亦非得，乃真得也。

1：Arthur Lloyd: *Wheat Among the Tarts*, p. 53。

2：p. 255。

3：*Studies of Buddhism in Japan*, p. 118。

譯注

❶：永明延壽禪師語。見《受菩薩戒法并序》。

❷：《雲門錄》卷中。

❸：指瑯琊慧覺禪師。見《古尊宿語錄》卷第四十六。

❹：新思想運動，十九世紀美國的新興宗教思潮，強調正向思想、吸引力法則、生命力；相信神遍在世界，人類眞實的自我具有神性；疾病皆由心產生，正向思考有療癒作用。

❺：基督教科學會（The Church of Christ-Scientist, Christian Science），艾迪夫人（Mary Baker Eddy, 1821-1910）於一八七九年創立的教派，主張疾病只是個假象，能夠以信仰、禱告或默觀神去治療而不假藥石。

❻：印度教徒修行的第四期，稱爲遁世期，修行者捨棄財富，遊行四方，乞食爲生，嚴守五戒（不殺生、不妄語、不偷盜、忍耐、離欲）。

❼：《傳燈錄》卷十：「僧問：萬法歸一，一歸何處。師（趙州）云：老僧在青州作得一領布衫重七斤。」

❽：《浮士德》第一部：「感覺便是一切；名稱只是燃燒著天火的煙霧和聲音。」

❾：五停心觀：不淨觀、慈悲觀、緣起觀、界分別觀、數息觀。

❿：九想觀，爲不淨觀之一，分別是：青瘀想、膿爛想、蟲噉想、血塗想、壞爛想、敗壞想、燒想、骨想。

⓫：六念處：念佛、念法、念僧、念戒、念施、念天。

⓬：十念處：身念處、受念處、心念處、法念處、境界念處、阿蘭若念處、都邑聚落念處、名聞利養念處、如來學問念處、斷諸煩惱念處。

⓭：葛瑞菲斯（William Elliot Griffis, 1843-1928），美國東方學者，基督教公理會牧師，一八七〇年受邀到日本興學，對日本的現代化貢獻頗多。

⓮：萊蕭爾（August Karl Reischauer, 1879-1971），美國長老會牧師，在日本的傳教多年。

⓯：雨果（Hugo of St. Victor, 1096-1141），法國修士，曾任巴黎聖維克多修院院長。

⓰：聖維克多的理查（Richard of St. Victor, 1173），蘇格蘭人，爲十二世紀在巴黎最重要的神祕主義者，曾任聖維克多修院院長。

⓱：盤山寶積禪師語。見《五燈會元》卷第二。

⓲：南泉普願禪師語。見《五燈會元》卷第四：「他日問泉曰：如何是道。泉曰：平常心是道。師（指趙州）曰：還可趣向也無。泉曰：擬向即乖。師曰：不擬爭知是道。泉曰：道不屬知，不屬不知。知是妄覺，不知是無記。若眞達不疑之道，猶如太虛，廓然蕩豁，豈可強是非邪。師於言下悟理。」

⑲：指俱胝和尚。見《五燈會元》卷第四：「天龍和尚到庵，師乃迎禮，具陳前事。龍豎一指示之。師當下大悟。自此凡有學者參問，師唯舉一指，無別提唱。有一供過童子。每見人問事。亦豎指祇對。人謂師曰：和尚，童子亦會佛法。凡有問皆如和尚豎指。師一日潛袖刀子，問童曰：聞你會佛法，是否。童曰：是。師曰：如何是佛。童豎起指頭。師以刀斷其指。童叫喚走出。師召童子。童回首。師曰：如何是佛。童舉手不見指頭，豁然大悟。師將順世。謂眾曰：吾得天龍一指頭禪，一生用不盡。」

⑳：指雪峰義存禪師。見《五燈會元》卷第七：「玄沙謂師曰：某甲如今大用去。和尚作麼生。師將三箇木毬一時拋出。沙作斫牌勢。師曰：你親在靈山方得如此。沙曰：也是自家事。」

㉑：指馬祖道一禪師。見《五燈會元》卷第三：「洪州泐潭法會禪師，問馬祖：如何是祖師西來意。祖曰：低聲，近前來，向汝道。師便近前。祖打一摑曰：六耳不同謀，且去，來日來。師至來日，獨入法堂曰：請和尚道。祖曰：且去，待老漢上堂出來問，與汝證明。師忽有省，遂曰：謝大眾證明。乃繞法堂一匝，便去。」

㉒：即佛果克勤禪師。見《佛果圜悟眞覺禪師心要》卷下〈示魏學士〉。「路布」：路通「露」，公文書信、告示。

第三章

禪是虛無主義嗎？

An Introduction to Zen Buddhism

傳統上被稱爲中國禪宗六祖的慧能，是禪宗歷史裡最重要的人物。其實他也是禪宗的創建者，而和當時其他佛教諸宗分庭抗禮。他以下面這首偈表現了他爲禪宗樹立的信仰標準：

菩提本無樹，明鏡亦非臺。
本來無一物，何處惹塵埃？

他以此偈回答另一位自以爲悟得清淨法門的禪師（神秀）的偈：

身是菩提樹，心如明鏡臺。
時時勤拂拭，慎勿惹塵埃。

兩人都是五祖弘忍的弟子。弘忍認爲慧能眞正見性，於是將禪宗衣缽傳付予他。祖師印可了慧能的偈裡的意旨，使它成爲禪宗正統的信仰表現。而由於它似乎有一點虛無的味道，很多人便認爲禪是在提倡虛無主義（nihilism）。我要在本章裡反駁這一點。

禪的究竟旨趣是主張「空」

的確，禪宗文獻裡有許多段落可以被解釋爲宣揚虛無主義的學說；例如「空」的理論[1]。即使是熟悉一般大乘佛教教法的學者們，也有人鼓唇弄舌地說禪是「三論宗」（又叫作中觀派）哲學的實修法門。所謂「三論」，是指龍樹的《中論》、《十二門論》和提婆的《百論》。它們構成了中觀派的基本學說。龍樹被認爲是它的創立者，而由於大乘般若經系也闡釋類似的思想，該派哲學有時也被稱爲般若學說。因此他們認爲禪實際上是屬於該系；換句話說，禪的究竟旨趣就是主張「空」的體系。

在某種程度上，至少表面上，這個觀點是對的。例如下面的對話：

大珠慧海禪師初參馬祖……祖曰：「來此擬須何事。」曰：「來求佛法。」祖曰：「我這裡一物也無，求甚麼佛法？自家寶藏不顧，拋家散走作麼？」❶

大珠禪師有時候會說：

「禪客，我不會禪，並無一法可示於人，不勞久立，且自歇去。」❷

又如：

「菩提離言說，從來無得人。」❸

或是：

「我宗無語句，實無一法與人。……道得也三十棒，道不得也三十棒。」❹

有人問大珠禪師說：「云何是常不離佛？」大珠回答說：「心無起滅，對境寂然，一切時中，畢竟空寂，即是常不離佛。」❺

有時候我們還可以看到這樣的話：「無中間，亦無二邊，即中道也。……外縛色聲，名爲彼心，內起妄念，名爲此心。……心既無二邊。中亦何有哉。得如是者。即名中道。」❻

數百年前有一位日本禪師，弟子問他如何擺脫生死纏縛，他回答說：「此處無生死。」

菩提達磨是中國禪宗初祖，有一次梁武帝問：「如何是佛法第一義。」他回答說：「廓然無聖。」

以上只是從禪宗文獻的寶庫裡信手捻來的，而它們似乎都充斥著「空」、「無」（nasti）、「寂靜」（santika）、「不思議」（acinta）及其他類似的觀念，我們都可以視爲虛無主義，或是宣揚否定性的寂靜主義（negative quietism）。

此外，《般若心經》[2]裡引文可能會比前揭例子更讓讀者吃驚。其實，大乘佛教的般若部經系，盡皆蘊含著「空」的觀念。不熟悉這種思考方式的人，或許會爲之瞠目結舌。《心經》被認爲是般若經系裡最簡要卻又完備的，是禪寺裡日課必誦的經典，每次過堂（用齋）前也要讀誦。經云：

> 舍利子，色不異空，空不異色。色即是空，空即是色。受想行識，亦復如是。舍利子，是諸法空相，不生不滅，不垢不淨，不增不減。是故空中無色，無受想行識，無眼耳鼻舌身意，無色聲香味觸法。無眼界，乃至無意識界。無無明，亦無無明盡。乃至無老死，亦無老死盡。無苦集滅道，無智亦無得，以無所得故，菩提薩埵依般若波羅蜜多故，心無罣礙。無罣礙故無有恐怖，遠離顛倒夢想，究竟涅槃。

禪著眼於把握生命的實相

看過所有這些例子以後，或許有人會認爲，主張「禪學是在鼓吹純粹否定的哲學」的批評並沒有錯，但是，禪學裡完全沒有批評所說的含義。因爲禪總是著眼於把握生命的實相，而那是絕對無法放在知性的解剖台上的。爲了把握生命的實相，禪不得不提出一連串的否定句。然而單純的否定並不是禪的精神，但是因爲我們習慣於二元論的思考方法，所以必須從根本去斷除這種知性的謬誤。禪當然會主張「非此，非彼，非一切」。但是我們或許還要問，否定這一切以後還剩什麼。禪師這時候會趁機給我們一個掌摑叫道：「癡漢，這是甚麼？」也許有人會認爲那是規避兩難問題的藉口，或者只是證明他們沒有教養。但如果我們領會到禪的純粹精神，就會知道這一掌摑是非常嚴肅的。因爲那不是肯定，不是否定，而是了了分明的事實，純粹的經驗，也就是我們的存有和思想的基礎。人在最活活潑潑的心識活動裡所渴望的一切廓然空虛都在這裡。我們不再爲外物或習氣所困惑。禪必須徒手去把握，而不能戴手套。

禪不得不訴諸否定的方式，因爲我們本有的「無明」如濕衣裹住身體一般地纏縛心識。「無明」[3]就其本身而言並無不妥，只是它不能踰越其界限。「無明」是邏輯二元論的另一個名字。雪是白的，烏鴉是黑的。但是那是屬於世界以及它的「無明」

的說法。如果我們要探究萬物的眞理，就必須回到一個原點去觀照它們，在那裡，世界仍然未曾有，也還沒有產生分別彼此的意識，心識仍然抱元守一，廓然空虛。這是個否定的世界，但是會通往更高或絕對的肯定，也就是在否定當中的肯定。雪不一定是白的，烏鴉不一定是黑的，然而它們各自本身非黑即白。就此而論，我們的日常語言總是無法表達禪所領悟的確切意義。

表面上禪是否定的；但是它也總是舉示那本來就在我們眼前的東西；如果我們沒有自己去拾起來看，那麼是我們的不對。很多被無明遮翳心眼的人們對它視而不見。的確，正因爲看不見禪，才會認爲禪是虛無主義。黃檗禪師在鹽宮殿上禮佛畢，時唐宣宗爲沙彌，問曰：

「不著佛求，不著法求，不著僧求。長老禮拜，當何所求。」師（黃檗）曰：「不著佛求，不著法求，不著僧求。常禮如是事。」彌曰：「用禮何為。」師便掌。彌曰：「大麤生！」師曰：「這裡是甚麼所在？說麤說細。」隨後又掌。❼

聰明的讀者會看到，儘管黃檗表面上對沙彌很粗魯，但是他似乎急切要傳達什麼東西。他表面上是在呵斥，但在精神上，他是在肯定的。如果我們要理解禪，就必須去領略這一點。

禪對於禮佛儀式的態度，從趙州對禮佛僧人說的話裡可見一斑：

遠侍者在佛殿禮拜次，師（趙州）見以拄杖打一下曰：「作甚麼。」者曰：「禮佛。」師曰：「用禮作甚麼。」者曰：「禮佛也是好事。」師曰：「好事不如無。」❽

這種行爲是否有某種虛無主義和偶像破壞的味道？表面上看，是的；但是如果我們領會到趙州的深意，就會看到其中蘊藏著超越言詮理解的絕對肯定。

日本近代禪宗的奠基者白隱禪師❾年輕時是很精進的禪門弟子，他去參謁正受老人❿，自詡已經悟道，想得到正受老人的印可。正受問他悟得禪多少。白隱說：「若有任何東西可呈手上，我會盡皆吐出來。」於是作嘔吐狀。正受拽住白隱的鼻子說：「這是什麼，我不是抓住它了嗎？」讀者們和白隱一起來思考這個對話，自己去發現正受老人如此寫實的接機所要說的是什麼東西。

禪不全然是否定，也不是讓心裡什麼都沒有，彷彿是純粹的空無；因爲那會是知性的自殺。在禪裡頭有某種自我肯定，然而那是自由而絕對的，既沒有任何侷限，也無法以抽象的方式去討論它。禪是生命的實相，它不是無生命的石頭或是虛空。禪修的目的，正是要接觸那生意盎然的實相，不，更好說是在行住坐臥當中把握它。

百丈惟政禪師（720-814）有一次問南泉禪師（748-834）曰：

「諸方善知識，還有不說似人底法也無？」南泉曰：「有。」師曰：「作麼生是不說似人底法？」泉云：「不是心，不是佛，不是物。」

這看起來是絕對空的學說，但即使如此，我們仍然窺見經由否定而揭示的某種東西。我們再往下看他們的對話。百丈接著說：

「恁麼則說似人了也。」曰：「某甲即恁麼。」師曰：「師伯作麼生？」曰「我又不是善知識，爭知有說不說底法？」師曰：「某甲不會，請師伯說。」曰：「我太煞，與汝說了也！」[11]

我們必須先了解這種無法以任何邏輯述句去解釋的內在意識狀態，才能夠合理地談論禪。言語只是對於該狀態的指謂，我們由此得以了解其意義，但是不能把言語視爲絕對的指引。我們首先要看看禪師們說這些話的心境是什麼。他們這些看似荒謬的行爲，或如某些人所說的奇詭譎怪，並不是出於他們反覆無常的情緒。他們都有著從個人經驗得來的堅固的眞理基礎。他們看似瘋顛的行爲，其實是有體系地展現極爲重要的眞理。就此眞理觀之，整個宇宙的生住異滅並不比一個蚊子的飛舞或扇子的輕搖重要。重要的是要看到在一切裡流行不息的精神，那是一種沒有一點虛無主義痕跡的絕對肯定。

領悟禪的真理的不二法門

有一僧⑫初參趙州，問：

「一物不將來時如何。」州曰：「放下著。」師曰：「既是一物不將來，放下箇甚麼？」州曰：「放不下，擔取去。」

趙州如是直率地揭穿了虛無哲學的無益。爲了悟禪，即使是「無一物」的念頭也要拋棄。唯有不去論斷佛，佛才會開顯自己；也就是說，爲了覓佛，就必須拋棄佛。這是領悟禪的眞理的不二法門。人們才要說似無或絕對者，禪就已經烏非無跡。就連

「空」的立足點也要一腳踢開。唯一拯救自己的方法是先投身到無底的深淵，這並非容易的事。

圜悟禪師曾很不客氣地垂示說：

諸佛不曾出世，亦無一法與人。祖師不曾西來，未嘗以心傳授。自是時人不了，向外馳求。殊不知自己腳跟下，一段大事因緣，千聖亦摸索不著。只如今見不見、聞不聞、說不說、知不知，從什麼處得來？若未能洞達，且向葛藤窟裡會取。⓭

他眞的是要這麼問嗎？或者那其實是描繪某種心境的肯定句呢？

禪是世界上最嚴肅的東西

因此，當禪否定時，那不一定是邏輯的意義之下的否定。而肯定語句亦復如是。重點是，經驗的究竟實相不能受限於任何人爲或結構性的思考法則，也不能受限於「是」與「非」的對立命題，或是瑣碎而乾枯的知識論公式。禪學看起來經常是謬誤和非理性的；然而那僅僅是表面。無怪乎它總是難逃想當然耳的推論、曲解、詮釋錯誤以及惡意的嘲笑。關於虛無主義的非難也是其中之一。

維摩詰居士曾問文殊師利菩薩：

「何等是菩薩入不二法門？」文殊師利曰：「如我意者，於一切法，無言無說，無示無識，離諸問答，是為入不二法門。」

於是文殊師利問維摩詰：「我等各自說已，仁者當說何等是菩薩入不二法門？」時維摩詰默然無言。⓮

如此神祕主義式的答辯，也就是默然不語，似乎是禪在迴避詰難時的唯一手段。於是圜悟垂示說：

道是是無可是，言非非無可非。是非已去，得失兩忘。淨裸裸，赤灑灑，且道面前背後是箇什麼？或有箇衲僧出來道：面前是佛殿三門，背後是寢堂方丈。且道：此人還具眼無？若辨得此人，許爾親見古人來。⓯

當沉默也沒有用的時候，我們是否要學圜悟一樣說「天國之門開於上，永火燒於下」呢？它是否能夠闡明禪的究竟意義，而不會被「是」與「非」的二元論給窒息了呢？的確，只要還有一點「彼此」、「我的、你的」（meum et tuum）的意識痕跡，就沒有任何人可以完全理解禪，古德們也和我們沒有半點交涉。內心的寶藏將永遠腐爛。

有一僧問：

「維摩經云：欲得淨土，當淨其心。云何是淨心？」答：「以畢竟淨為淨。」問：「云何是畢竟淨為淨？」答：「無淨無無淨即是畢竟淨。」問：「云何是無淨無無淨？」答：「一切處無心是淨，得淨之時不得作淨想，即名無淨也。得無淨時亦不得作無淨想，即是無無淨也。」[16]

如是，畢竟淨也就是絕對的肯定，因爲它超越了淨與不淨，且在更高的綜合形式當中統一了它們。其中沒有否定，也沒有任何矛盾。禪的目標就是在行住坐臥當中去體會這種統一的形式，而不把生命視爲形上學的練習題。禪的一切「問答」都必須如是觀。其中沒有吹毛求疵、語言遊戲或詭辯。禪是世界上最嚴肅的東西。

且讓我引一段古德的話[4]作結：

講唯識道光座主問曰：「禪師用何心修道？」師曰：「老僧無心可用，無道可修。」曰：「既無心可用，無道可修，云何每日聚眾勸人學禪修道？」師曰：「老僧尚無卓錐之地，什麼處聚眾來？老僧無舌，何曾勸人來？」曰：「禪師對面妄語。」師曰：「老僧尚無舌勸人，焉解妄語？」曰：「某甲知不會禪師語論也。」師曰：「老僧自亦不會。」⓱

1：關於空的理論究竟所指爲何，見拙著：*Essays in Zen Buddhism, III,* "The Philosophy and Religion of the Prajnaparamita-Sutra" (pp. 207-208)。

2：另見前揭石霜禪師的引文，他經常被誤解爲宣揚斷滅論。關於《心經》的梵文原典、玄奘的中譯以及比較直譯且正確的英譯，見拙作：*Essays in Zen Buddhism, III,* pp. 190-206。作者對於這部重要經典的意義提出個人的詮釋。

3：這或許就是赫拉克利圖（Heraclitus）的「物極必反」（Enantiodromia）學說。

4：大珠慧海語，他是馬祖禪師的弟子。

譯注

❶：《五燈會元》卷第三。

❷：同前揭。

❸：語出《梁朝傅大士頌金剛經》。

❹：德山語。見《五燈會元》卷第七。

❺：語出《大珠慧海頓悟入道要門論》。

❻：同前揭。

❼：《五燈會元》卷第四。

❽：《五燈會元》卷第四。

❾：白隱慧鶴禪師（1685-1768），日本江戶時代臨濟宗禪宗，復興臨濟宗，號稱「五百年間出的大德」，其時流傳：「駿河有兩大傑出之物，一爲富士山，一爲原之白隱。」見：梁曉虹，《日本禪》（圓明出版社）。

❿：即道鐘慧端禪師（1642-1721）。

⓫：《景德傳燈錄》卷第六；《五燈會元》卷第三（該處有闕文）。「不說似人底法」：不跟人說的法。

⓬：洪州新興嚴陽尊者。《五燈會元》卷第四。

⓭：《碧巖錄》卷六。

⓮：《維摩詰所說經．入不二法門品第九》。

⓯：《碧巖錄》卷九。

⓰：《大珠慧海頓悟入道要門論》。

⓱：《大珠慧海頓悟入道要門論》。

第四章

不合邏輯的禪

An Introduction to Zen Buddhism

空手把鋤頭，步行騎水牛。
人從橋上過，橋流水不流。

這是習稱爲傅大士的善慧大士（497-569）的著名偈語。它勾勒出禪門弟子的見解。儘管它能代表禪的一切教法，卻描繪了禪的主要旨趣。想要以知性的方法理解禪的眞理（如果可能的話）的人，首先必須領會該偈語的眞正意義。

沒有什麼東西比這四句偈更不合邏輯、更違反常識的。批評者習於說禪是荒謬的、混淆的、偏離一般論證框架的。然而，禪也是堅定不屈的，堅稱以所謂常識的方法去認識萬物絕非究竟，我們之所以無法洞澈眞理，正是由於我們不合理地執著於「邏輯」的詮釋。如果我們眞的要探索生命，就必須放棄我們視爲至寶的三段論法，必須有新的觀照方式，以揚棄邏輯的專制以及日常用語的片面性。儘管看似很弔詭，禪卻堅持必須「空手把鋤頭」，而且「橋流水不流」。

然而，禪的非理性述句不止於此。還有許多同樣艱澀難解的例子。此即爲什麼有人會說禪是癡人說夢話。的確，我們的讀者看到以下的主張會怎麼說呢？

「張公喫酒李公醉。」❶

「問：『如何是諸佛師？』師喝曰：『這田庫兒。』」❷

「石牛長吼真空外，木馬嘶時月隱山。」❸

「大洋海底紅塵起。須彌頂上水橫流。」❹

有時候，禪還會問你以下的問題：

「雨似盆傾，會麼？」❺

「你可以聽到兩手拍掌的聲音，現在你舉示一隻手的聲音。」❻

「如果你聽到隻手之聲，可以讓我也聽到嗎？」

「問：『承教有言：是法平等，無有高下。如何是平等法？師曰：『堯峰高，寶華低。』』」❼

不落名相更能開顯諸法實相

禪門弟子果眞瘋了嗎？或是他們喜歡故作神祕？這些句子除了讓我們摸不著頭緒，就沒有任何內在的蘊涵或啓發性的意義嗎？禪利用這些看似瑣碎而不合理的東西，究竟要讓我們領悟什麼？答案很簡單。禪要我們有個全新的觀點，好去窺探生命的奧祕和自然的祕密。因爲禪堅信一般的邏輯論證無法究竟滿足我們最深層的靈性渴望。

我們一般認爲「A是A」是絕對的，而「A是非A」或「A是B」這樣的命題是絕不可能的。我們從未能突破這些理解的條件限制。但是現在禪宣稱，語詞只是語詞而已。當語詞不再與事實對應時，我們就應該抛開語詞，回到事實去。只要邏輯還有實用價值，還是可以繼續使用；但是當它行不通或是踰越其分際時，我們就得大喊：「且住！」自從意識覺醒以來，我們一直努力要解答存有的奧祕，並且以「A」與「非A」的二元論滿足我們對於邏輯的渴望；亦即，說橋是橋，說水會流動，說塵起於土；但是讓我們失望的是，我們不曾得到心靈的平安、完美的幸福，以及對生命和世界的澈底理解。我們其實已經不知所措。我們再也不知道如何開拓對於實在界的認知。靈魂深處的煩惱難以言喻，此時我們整個存有突然看到一線光明。那就是禪的開端。因爲我們開始明白，「A其實是非A」，所謂的「不合邏輯」終究不一定是不合邏輯；表面上不合理的東西，畢竟也有其邏輯，而對應於眞實的事態；「空手把鋤頭！」由此，我們得到至福，因爲，這個矛盾居然就是我們自從知性的黎明以來尋尋覓覓的東西。所謂「知性的黎明」並不是知性的肯定，而是超越知性自身。唯有「A

是非A」，才能夠明白「A是A」這個命題。「是自身」就是「不是自身」，這就是禪的邏輯，而且它滿足了我們所有的渴望。

「花非紅，柳非綠」，習禪者聞此猶如醍醐灌頂。只要我們認爲邏輯是究竟的，我們就始終受纏縛，我們沒有心靈的自由，也看不到生命的實相。但是現在我們有了一窺全貌的鑰匙；我們是實在界的主人；語詞把權力讓渡給我們。如果我們想說鋤頭不是鋤頭，也自無妨；鋤頭並不會一直是鋤頭；而且禪師們認爲，不落名相更能開顯諸法實相。

掙脫名相和邏輯的暴力，同時也就是靈性的解放；因爲靈魂不再對自己起分別心。知性得到自由以後，靈魂就完全擁有自己；它不再爲生死煩惱；因爲再也沒有二元分別；生死相待，我們就在其中流轉。從前我們始終看到萬物的對立面和差別面，在態度上和它們多少有點對立。但是現在它被推翻了，我們終於可以看到世界的內在。於是，「鐵樹開花」；「雨打不濕」。由此，靈魂得以整全、完美且充滿幸福。

禪的觀點是具有原創性和啟發性

禪著眼於諸法實相，而非它們的邏輯、語詞、偏見和笨拙的表象。直心是禪的靈魂，那也是它的活力、自由和原創性的來源。基督宗教倡言心靈的單純，其他宗教也是，但是那並不意味著頭腦簡單。在禪裡頭，它的意思是擺脫知見的葛藤，而不隨著挖空心思的哲學論證弄精弄魂。它也意味著如實認識諸法實相，也明白一切言說都只是假名而已。禪經常把心比喻爲纖塵不染的鏡子。因此，禪所謂的直心，是指時時保持鏡子明亮乾淨，單純且絕對地反映一切現前的東西。如是就會明白，鋤頭既是鋤頭又不是鋤頭。認識到鋤頭是鋤頭，那只是常識的觀點，唯有認識到鋤頭是鋤頭，又認識到鋤頭不是鋤頭，那才是禪。常識的觀點乏味無趣，然而禪的觀點卻總是具有原創性和啓發性。在禪的每個機鋒裡總是充滿了活力；其中有一種創造的行動。

禪認爲我們總是役於言說和邏輯。只要我們一直受縛，便煩惱不斷。但是如果我們想要看看眞正值得認識的東西，看看對我們的靈性幸福有益的東西，那麼我們就得一舉遣除所有執著；我們必須看看是否有個新的觀點，可以從全體去審視世界，從內在去體會生命。於是我們不得不縱身一躍，到那「無名」的深淵，直接體認那個「心生萬象」的精神。在那裡，沒有邏輯，沒有哲學思辨；不會扭曲事實以符應我們的測量尺度；也不會戕害人性以臣服於各種知見分別；兩個心靈如鏡子一般彼此映照，在它們中間沒有任何障翳。

在這個意義下，禪是非常務實的。它和抽象思考或複雜的辯證法沒有任何交涉。它抓起在你前面的鋤頭，舉到你眼前，很不客氣地說：「我既握著鋤頭，也沒有握著它。」它不談神或靈魂；也不談無限或死後的生命。手握著家用的鋤頭，看似很平常的事，卻開顯了生命的一切奧祕。再也沒有任何缺憾。爲什麼？因爲禪爲諸法實相的體會另闢蹊徑。我們認識到牆隙的小花，也就認識到世界的森羅萬象。在禪裡頭，鋤頭是解開世界之謎的鑰匙。如是我們看到，禪在解開最艱深的哲學難題時，竟是如此的淋漓暢快、充滿生命！

中世紀早期一位基督教教父說：「唉，可憐的亞里斯多德，你爲異教徒發現了辯證術、證立和反駁的技巧、暢言空談的技巧。」[8]的確是河漢斯言！我們看到歷來的哲學家們，如何以邏輯論證和分析去探究所謂的科學和知識的問題，而彼此針鋒相對！無怪乎這位老智者爲了止息無益戲論而在那些築沙者中間擲下一顆炸彈說：「正因爲那是不可能的，所以是確定的。」（Certum est quia impossibile est）或者更合乎邏輯地說：「因爲悖理，所以我相信。」（Credo quia absurdum est）這豈不是無條件地印證禪的主張嗎？

有一個老和尚在上堂前拈拄杖指燈籠說：「還見麼？若言見，是破凡夫。若言不見，有一雙眼在，爾作麼生會。」❾在禪裡頭沒有戲論。除非你打開第三隻眼，看到事物最深層的祕密，否則你無法了解古德們在說什麼。那既見拄杖又不見拄杖的第三隻眼是什麼？我們從何處得到如此不合邏輯的領會呢？

禪說：「佛說法四十九年，未曾動其廣長舌。」有人可以說話而舌頭不動的嗎？爲什麼要如此悖理呢？對此，玄沙師備禪師解釋說：「諸方老宿盡道接物利生，祇如三種病人，汝作麼生接？患盲者，拈槌豎拂他又不見。患聾者，語言三昧他又不聞。患啞者，教伊說又說不得。若接不得。佛法無靈驗。」❿或許佛眼禪師的評論有助於理解這個問題。他上堂對弟子們說：「有雙耳，又何曾聞來？有片舌，又何曾說來？既無說、無聞、無見，何處有色聲香味來？」⓫（也就是說，何處有此世界？）

如果我們對這番評論仍然摸不著頭緒，我們看看雲門文偃禪師可不可以幫助我們。雲門舉玄沙語示眾後，「有僧請益師。師云：『你禮拜著。』僧禮拜起，師以拄杖便挃。僧退後，師云：『你不是患盲。』復喚近前，僧近前，師云：『你不是患聾。』乃豎起拄杖云：『還會麼？』僧云：『不會。』師云：『你不是患啞。』」⓬

有了以上的評論和動作，我們還在「未知領域」（terra incognita）裡遊蕩嗎？如果是的話，我們也別無他法，只好回到最初的偈語：

第四章　不合邏輯的禪

空手把鋤頭，步行騎水牛。

禪要從內在去生活

我再補充幾句話：爲什麼禪要如此大肆抨擊邏輯呢？爲什麼我們一開始就先討論禪的不合邏輯的面向呢？那是因爲邏輯充斥在我們的生活裡，讓許多人以爲，邏輯就是生活，沒有了它，生活就沒有意義了。生活的地圖被邏輯明確地劃定，我們只能依循著它，不得牴觸思考法則，因爲它是最究竟的東西。一般人總是抱持這種觀點，雖然我必須說他們其實一再違反他們認爲不得侵犯的思考法則。也就是說，他們一直在「空手把鋤頭」，他們經常認爲二加二等於三，有時候等於五；只不過他們沒有意識到這個事實，想像他們的生活是有邏輯或數學規則的。禪就是要攻破這個顛倒幻夢的城堡，證明我們的生活是屬於心理和生物的，而不是邏輯的。

在邏輯裡處處有斧鑿的痕跡；邏輯是有自我意識的。倫理學亦復如是，它是邏輯在生活現實裡的應用。擁言擁行的人知道要博施濟眾，而爲眾人所讚譽，他也可能期望未來的回報。因此我們會認爲他的心有染汙，並不完全清淨，儘管他的行爲在客觀上或對社會而言是好的。禪非常厭惡這種心態。生活是一種藝術，而就像完美的藝術一樣，它必須是忘我的；其中不能有任何斧鑿痕跡。禪認爲生命應該如「空中飛鳥，不知空是家鄉。水裡游魚，忘卻水爲性命」⓭。只要有一點人爲造作的味道，一個人就被命定了，他就再也不是自由的存有者。你無法正其性命，爲環境的暴虐而煩惱不斷；你始終覺得受到束縛，而失去了你的獨立性。禪意欲保存你的生命力，你本有的自由，尤其是你的存有的整全性。換言之，禪要從內在去生活。不要被規則限制住，而是要創造自己的規則，那就是禪要我們過的生活。它的各種不合邏輯的（或更好說是超越邏輯的）說法亦復如是。

有一位禪師[1]上堂說：

> 一代時教，五千四十八卷，空有頓漸，豈不是有？永嘉道：「亦無人亦無佛；大千沙界海中漚，一切聖賢如電拂，」⓮豈不是無？大眾若道是有，違他永嘉；若道是無，又違釋迦老子。作麼生商量得恰好？若知落處，朝見釋迦暮參彌勒；若也未明，白雲為儞點破。道無不是無，道有不是有；東望西耶尼，面南看北斗。⓯

1：五祖法演禪師。

譯注

❶：明教禪師語。見《五燈會元》卷第十四。
❷：道膺禪師語。見《五燈會元》卷第十二。
❸：崇慧禪師語。見《五燈會元》卷第一。
❹：警玄禪師語。見《五燈會元》卷第十四。
❺：乾峰和尚語。見《五燈會元》卷第十三。
❻：白隱禪師語。
❼：顯暹禪師語。見《五燈會元》卷第十。
❽：特土良（Tertullian）語。
❾：雲門文偃禪師語。見《古尊宿語錄》卷第十六；《雲門文偃匡眞禪師廣錄》卷上。
❿：《五燈會元》卷第七，另見《傳燈錄》卷十八。
⓫：即龍門清遠禪師。見《古尊宿語錄》卷第二十七；《舒州龍門清遠佛眼和尚語錄》。
⓬：見《古尊宿語錄》卷第十六；《雲門文偃匡眞禪師廣錄》卷上。
⓭：通慧珪禪師語。見《五燈會元》卷第十六。
⓮：見《永嘉證道歌》。
⓯：見《法演禪師語錄》卷中。「東望西耶尼」：朝東望西瞿尼耶州（佛教四州之一：南閻浮提、西瞿耶尼州、東弗婆提州、北鬱單越州）。

第五章

禪是更高的肯定

An Introduction to Zen Buddhism

首山省念禪師（926-992）有一次舉竹篦問弟子們：「喚作竹篦則觸，不喚作竹篦則背；不得有語，不得無語，速道！速道！」其中一個弟子❶搶過竹篦，折斷它，擲到地上說：「是甚麼？」❷

習於抽象思考以及高談闊論的人，或許會覺得不值一哂，那些博學深思的哲學家和微不足道的竹篦有什麼關係呢？沉浸於深奧的冥想裡的學者們，哪裡會在乎它是否喚作竹篦，它是否被折斷或被擲到地上。但是對於禪門弟子而言，首山的開示卻有著無盡義蘊。我們若能明白他提問的心態是什麼，或許可以初窺禪的堂奧。而其後也有許多禪師效法首山禪師，舉竹篦要弟子們回答。

突破「是」與「非」的對立，才能體會真正自由的生命

用讀者比較習慣的抽象方式來說，其理念是要得到更高的肯定，而不是肯定和否定的邏輯對立命題。一般來說，正因爲我們以爲自己無法超越對立，所以始終不敢去踰越它。邏輯一直在恐嚇我們，一提到它的名字，我們就觳觫不安。自從知性覺醒以來，心智就一直被規定在邏輯二元論的嚴格訓練下運作，而拒絕抖落它想像中的枷鎖。我們從未想到可以擺脫這個自己設定的知性限制；的確，除非我們突破「是」與

「非」的對立，否則就不可能去體會眞正自由的生命。而靈魂一直在哭喊著它，卻忘記了，要達到更高的肯定形式，而沒有否定與肯定的矛盾分別，其實沒有那麼困難。而由於禪，我們終於經由禪師手裡的竹篦達到這個更高的肯定。

不消說，禪師所舉的竹篦，也可以是這個森羅萬象的殊相世界裡的任何一種東西。在這竹篦裡，我們看到了所有可能的存在，也看到了我們所有可能的經驗。我認識到它，這只不起眼的竹篦，也就認識了三千大千世界。我握在手裡，也就握住整個宇宙。當我談論它時，也是在談論宇宙萬物。得一隅即得一切。誠如華嚴哲學所說的：一攝一切，一切攝於一；一即一切，一切即一，一入一切，一切入於一。一一微塵亦復如是。但是要注意，這不是什麼泛神論，也沒有什麼同一性理論（theory of identity）。因爲當竹篦被舉到你面前時，它就只是竹篦；竹篦裡不曾吸納宇宙，沒有一切，沒有一；才要舉似「我見到竹篦」或「它是竹篦」就已經乖離。禪已經鳥飛無跡，更不用說什麼華嚴哲學了。

我在前面幾章的某處談到禪的不合邏輯，現在讀者可以明白爲什麼禪反對邏輯，無論是形式邏輯或非形式邏輯。禪自己也不想不合邏輯，它只是想讓人們明白，邏輯的一致性並非究竟，而單純的知見是無法得到某些超越性的語句的。當一切都上軌道時，「是」與「非」的知性窠臼還滿管用的；但是一旦臨到終極的生命問題，知性就捉襟見肘了。當我們說「是」時，我們是在肯定，並因而限制了自己；當我們說「不是」時，我們是在否定，而否定是一種排斥。排斥和限制，它們畢竟是同一回事，都是在戕害靈魂；靈魂的生命豈不是應該完全自由且和諧的嗎？在排斥或限制裡，是不會有自由或和諧的。禪很明白這點。因此，基於我們內在生命的需求，禪帶領我們到一個沒有任何對立的絕對領域。

生命要擁有自由，就必須是一種絕對的肯定

然而我們要記得，我們是活在肯定裡，而不是在否定裡，因為生命本身是肯定的，而這個肯定不能有否定的伴隨或制約；因爲那樣的肯定就是相對的，一點也不絕對。有了那樣的肯定，生命會失去其創造性的泉源，變成如沒有靈魂的行屍走肉一般的機械運轉。如果生命要擁有自由，就必須是一種絕對的肯定。它必須超越一切會阻礙自由行動的可能的制約、限制和對立。首山對弟子舉竹篦，無非是要他們明白這種絕對肯定的形式。任何從一個人的內在存有流出的答案都可以，因爲那總會是絕對的肯定。因此，禪不僅是意味著掙脫知性的桎梏，那有時候會流於放蕩不羈。禪既可以

讓我們拋去纏縛，也能夠讓我們立定腳跟，但那不是相對意義下的立足點。禪師努力要奪走弟子們生來即有的立足點，然後給他們一個其實不算是立足點的東西。如果用竹篦還不得要領，任何稱手的東西都可以派上用場。虛無主義不是禪，因爲這只竹篦或其他東西不能像言語或邏輯那樣被打發掉。我們在禪的研究裡不可忽略這點。

我舉若干例子說明一下。德山宣鑒禪師上堂前舉拄杖示眾說：「道得也三十棒，道不得也三十棒。」❸他對弟子們總是這麼說。沒有長篇大論的宗教或道德談話；也沒有抽象的論述，沒有吹毛求疵的形上學；取代地，我們看到粗魯的舉動。對於那些認爲宗教總是懦弱和假神聖的人們而言，禪師們應該都是一些大老粗吧。但是直接開顯出來的事實，一般來說也是很狂暴的東西。我們必須光明正大地面對它們，因爲再怎麼眨眼逃避都沒有用。打了一頓三十棒以後，內在的眼睛就打開了。從生命灼熱的火山口就會迸出一個絕對的肯定。

五祖法演禪師曾說：「路逢達道人，不將語默對，未審將什麼對？」❹他的用意即是要人明白我所說的絕對的肯定。不只是要跳脫「是」與「非」的對立，而是要找一個積極的方法，讓對立可以完全和諧，法演的問題就是這個目的。一位禪師❺指著生炭對弟子說：「老僧喚作火，汝喚作什麼？」也是如此。禪師希望弟子們的心能擺脫邏輯的束縛，那一直是人性的致命傷。

禪不是用來迷惑你的謎語。這其中無任何戲論；如果你無法回答，便要面對一切結果。你要永遠受縛於你的思考法則，或是要在無始無終的生命肯定裡擁有完全的自由？你不能猶豫。抓住諸法實相或是讓它溜走，除此之外別無選擇。禪修法門一般會把人丟到一個兩難裡頭，讓人設法走出來，當然不是以邏輯，而是以更高層次的心靈。

藥山惟儼禪師初次謁見石頭希遷禪師便問：

三乘十二分教某甲粗知，嘗聞南方[1]直指人心，見性成佛。實未明了，伏望和尚慈悲指示。」頭曰：「恁麼也不得，不恁麼也不得，恁麼不恁麼總不得，子作麼生？」師罔措。頭曰：「子因緣不在此，且往馬大師（馬祖道一禪師）處去。」師稟命恭禮馬祖，仍伸前問。祖曰：「我有時教伊揚眉瞬目，有時不教伊揚眉瞬目，有時揚眉瞬目者是，有時揚眉瞬目者不是。子作麼生？」師於言下契悟。便禮拜。祖曰：「你見甚麼道理便禮拜？」師曰：「某甲在石頭處，如蚊子上鐵牛。」[6]

這樣的理由或解釋夠了嗎？這個所謂的肯定〈恁麼〉眞是奇怪啊！唐朝宣州刺史陸亙大夫問南泉禪師：

「古人瓶中養一鵝，鵝漸長大，出瓶不得。如今不得毀瓶，不得損鵝，和尚作麼生出得？」泉召大夫，陸應諾，泉曰：「出也。」❼

這就是南泉禪師讓鵝掙脫束縛的方法。陸亙得到他的更高的肯定了嗎？

香嚴智閑禪師[2]上堂說：

若論此事，如人上樹，口銜樹枝，腳不蹋枝，手不攀枝，樹下忽有人問：「如何是祖師西來意？」不對他，又違他所問。若對他，又喪身失命。當恁麼時作麼生即得？❽

儘管是用寓言的方式提問，其旨趣則並無二致。你一開口說是道非，就已經迷失了。禪已經不在那裡了。但是緘默不語也沒有用。地上的石頭無語，盛開的花亦無語，但是它們不懂禪。應該有個方法，讓默然不語和辯才無礙可以殊途同歸，也就是在一個更高的陳述形式裡統一肯定和否定。如果我們找到了那個方法，我們就認識了禪。

但是，什麼是一個絕對肯定的述句呢？百丈懷海禪師要決定誰來接任大溈山住持，於是把第一座弟子華林覺和典座溈山找來：

即指淨瓶問曰：「不得喚作淨瓶，汝喚作甚麼？」林曰：「不可喚作楔也。」丈乃問師（溈山）。師踢倒淨瓶便出去。❾

於是溈山便任新住持，為「一千五百善知識之師」。踢倒淨瓶就是絕對的肯定嗎？你也可以模仿該動作，但是你不一定會被認為悟道。

禪非常厭惡任何形式的模仿，因為它會斲傷生命。同理，禪也不解釋任何東西，而只是肯定。生命是個實相，任何解釋既無必要也不恰當。解釋是辯護，我們為什麼要替生命辯護呢？只是活著——那不就夠了嗎？那麼就讓我們活著，讓我們肯定吧！禪正纖塵不染且赤裸裸地蘊含於其中。

更高的肯定是活在精神裡

在南泉的禪寺裡，東西兩堂爭奪一隻貓，南泉看到了便對眾人說：「道得即救取貓兒，道不得即斬卻也。」❿由於眾人無語以對，南泉便斬了貓，同時也一舉斬斷了「我的」、「你的」的無益爭論。後來趙州自外面歸來，南泉舉前語示之，問他如何救得貓。趙州只是脫掉草鞋放在頭上。南泉見狀說：「子若在，即救得貓兒也。」

這到底是什麼意思呢？爲什麼要犧牲一隻可憐的小動物呢？趙州把草鞋放在頭上，和他們的爭論有什麼關係呢？南泉殺了生，豈不是犯戒而且太殘忍了點嗎？趙州怎麼會玩這種奇怪的把戲，他是個傻瓜嗎？而「絕對的否定」和「絕對的肯定」是兩個不同的東西嗎？在這兩個演員心裡，趙州和南泉，有一個極爲嚴肅的東西。除非領會到它，否則禪就只是一場鬧劇。貓兒當然不是無緣無故被斬的。如果畜生也能成佛的話，那麼這隻貓是一定要成佛的。

趙州禪師有一次被問到：「萬法歸一，一歸何所？」他回答說：「老僧在青州作得一領布衫，重七斤。」⓫這是一則非常有名的公案。我們或許會問：「這就是所謂絕對的肯定嗎？老和尚的布衫和萬法一體有什麼關係？」那麼我問你：你相信萬物都存在於神裡頭，那麼神住在哪裡呢？是在趙州的七斤布衫裡嗎？當你說神在這裡頭時，祂可能已經不在了；但是你又不能說祂不在任何地方，因爲根據你的定義，神是全在的。只要我們囿於知性的桎梏，我們就無法見到神本身；我們到處尋覓祂，但是祂總是杳然無蹤。知性渴望要定位祂，但是祂本質上是無法被侷限的。這是知性很大的兩難，而且是不可避免的。我們如何走出困境呢？趙州的布衫不是我們的；我們不能盲目模仿他回答問題的方式，因爲我們每個人都得披荊斬棘，開闢出自己的路。如果有人以同樣的問題問你，你要如何回答他，我們在生命的每個轉捩點不也都遇到同樣的問題嗎？我們不也急著想知道直接而有用的答案嗎？

凡有學者參問，俱胝和尚[3]皆豎一指以對，無別提唱：

有一供過童子，每見人問事，亦豎指祇對。人謂師曰：「和尚，童子亦會佛法，凡有問皆如和尚豎指。」師一日潛袖刀子，問童曰：「聞你會佛法，是否？」童曰：「是。」師曰：「如何是佛。」童豎起指頭，師以刀斷其指，童叫喚走出。師召童子，童回首。師曰：「如何是佛。」童舉手不見指頭，豁然大悟。[12]

模仿就是奴隸。我們不可以人云亦云，而必須抓住其精神。更高的肯定是活在精神裡。那麼精神在哪裡？到你每天的行住坐臥裡尋去，其中有一切你所需要的證明。

經云：「城東有一老母，與佛同生而不欲見佛。每見佛來，即便回避。雖然如此，回顧東西，總皆是佛，遂以手掩面，於十指掌中亦總是佛。」⓭我要問：「這老婦人是誰？」

絕對的肯定是佛；你不能逃避它，因爲你每一轉頭，它就在你面前；但是你卻見面不相識，除非你像俱胝和尙的弟子一樣失去了一指。聽起很奇怪，但是我們其實就像是「飯籮邊坐餓死人，臨河渴死漢。」⓮有一位禪師更說：「通身是飯，通身是水。」如果是這樣，我們就不能說我們餓了或渴了，因爲在我們裡頭從來就不缺什麼。有個僧人稱孤貧，乞求曹山本寂禪師賑濟，曹山喚他：「闍黎。」那僧人應諾。於是曹山說：「清原白家酒三盞。喫了猶道未沾唇。」⓯或許我們就像那既孤貧又富有的僧人一樣；我們明明很富足，卻渾然不覺。

我再從禪宗語錄裡舉一個例子來解釋什麼是對於禪的眞理的絕對肯定。清平令遵禪師（845-919）造於翠微禪師之室，問道：

「如何是西來的的意。」翠微曰：「待無人即向汝說。」師（指清平）良久，曰：「無人也，請和尚說。」翠微下禪床，引師入竹園。師又曰：「無人也，請和尚說。」翠微指竹曰：「這竿得恁麼長，那竿得恁麼短。」⓰

1：不同於佛教其他宗派，禪宗是發源自中國。

2：潙山靈祐禪師（771-853）法嗣。

3：杭州天龍和尚法嗣。

譯注

❶：指歸省禪師。

❷：見《無門關》第四十三則；另見《五燈會元》卷第十一。

❸：見《五燈會元》卷第七。

❹：見《無門關》。

❺：趙州禪師語。見《傳燈錄》卷十。《五燈會元》卷第四：「因僧侍次，遂指火問曰：這箇是火，你不得喚作火，老僧道了也。」

❻：見《五燈會元》卷第五。

❼：見《五燈會元》卷第三。

❽：見《五燈會元》卷第九。

❾：同前揭。

❿：見《五燈會元》卷第三。

⓫：見《五燈會元》卷第四。

⓬：同前揭。

⓭：見《傳燈錄》卷一。

⓮：見《雲門文偃匡眞禪師廣錄》卷中：「舉雪峰云：『飯籮邊坐餓死人，臨河渴死漢。』玄沙云：『飯籮裡坐餓死漢，水裡沒頭浸渴死漢。』師云：『通身是飯，通身是水。』」

⓯：見《五燈會元》卷第十三。

⓰：見《傳燈錄》卷十五。

第六章

平凡的禪

An Introduction to Zen Buddhism

至今我們都從知性的角度去討論禪，以證明從這條路是不可能領會到禪的。其實，對禪而言，如此的哲學探究是不夠的。禪非常厭惡媒介，尤其是知性的媒介；禪自始至終都是一種修行和體驗，而不依賴任何解釋；因爲解釋只是耗時費神，而且總是不得要領；你看到的總是誤解或是扭曲的觀點。當禪要你嚐一嚐糖的甜味時，它是要你把糖放到嘴裡，什麼話也不必說。禪門弟子會說，如人以手指月❶，如果把手指當作月亮，那就太不幸了。這似乎不太可能，但是誰知道我們犯了多少這種錯誤而不自知。無知經常可以讓我們不至於驕矜自滿。但是論述禪的作者唯一能做的，就是以手指月，因爲這是他當下唯一可以使用的工具；而他也必須盡可能地讓他所要說的東西湛然明白。如果以形上學去探究禪，讀者可能會因其深奧難解而望之卻步，因爲一般人並不習於思辨或內省。且讓我以一個很不同的觀點去探討，或許可以更接近禪。

禪的觀念是在生命的生滅流轉中把握生命

趙州禪師問南泉：「如何是道？」南泉回答說：「平常心是道。」❷換句話說，你自己的靜默、自足、誠實的存在，那就是禪的眞理，也就是我所謂禪自始至終都是實證的。它直接對生活開顯，甚至不談靈魂或上帝，也不談任何會妨礙生活的東西。禪的觀念是在生命的生滅流轉當中去把握生命。在禪裡頭並沒有什麼超超玄箸的東西。我舉手；我從桌子那一端拿起一本書；我聽見窗外男孩們在玩球；我看到雲飄過附近的林子——在這一切當中，我都在習禪，我在過著禪的生活。不必有討論，也不需要言詮。我不知道爲什麼，也不需要任何解釋，但見太陽升起，整個世界快樂起舞，每個人心裡幸福滿溢。如果禪是可以理解的話，那就要在這裡去把握它。

當菩提達磨被問到他是誰時，他說：「不識。」[3]這不是因爲他無法解釋自己是誰，也不是他想止息任何言語爭辯，而是因爲他只知道他就是他，此外無物。此理甚明。南嶽懷讓禪師（677-744）往詣六祖，六祖問：「甚麼物恁麼來？」他不知如何回答。過了八年，忽然有省，對六祖說：「說似一物即不中。」[4]這和說「不識」是一樣的。

石頭希遷禪師有一次問藥山惟儼禪師：

「汝在這裡作麼。」曰：「一切不為。」石頭曰：「恁麼即閑坐也。」曰：「若閑坐即為也。」石頭曰：「汝道不為，且不為箇甚麼？」曰：「千聖亦不

識。」❺

這並不意味著什麼不可知論（agnosticism），也不是神祕主義，如果那是在神祕化的意義下去理解的。這裡只是以平凡的語言去說一個平凡的事實。如果讀者們不覺得如此，那只是因爲他們還沒有到達菩提達磨或石頭禪師的境界。

梁武帝有一次請傅大士（497-569）講《金剛經》：

大士便於座上，揮案一下，便下座。武帝愕然，誌公問：「陛下還會麼？」帝云：「不會。」誌公云：「大士講經竟。」❻

這個靜默不語的佛教哲學家究竟講了什麼經啊？後來圜悟禪師評道：「直截與爾，壁立萬仞。」文殊師利曾問維摩詰居士說：「仁者當說何等是菩薩入不二法門？」維摩詰同樣也以默然不語回答。其後有禪師以偈頌說：「對談一默震乾坤。」❼這個默然不語眞的如此震耳欲聾嗎？若是如此，那麼我現在也閉嘴好了，整個宇宙及其喧囂擾攘就盡皆被吞沒在絕對的沉默裡。但是擬態不會讓青蛙變成綠葉。沒有創造性，就沒有禪。我必須說：「太遲了，太遲了，箭已離弦！」

一位僧人嘗問六祖慧能：

「黃梅意旨什麼人得？」師云：「會佛法人得。」僧云：「和尚還得否？」

師云：「我不會佛法。」❽

要悟得禪的眞理既困難卻又何等容易！困難在於悟即不悟；容易則在於不悟即悟。一位禪師甚至說：「釋迦彌勒猶是他奴。」❾

我們現在可以看到爲什麼禪要呵斥抽象思考、描摹和比喻。執著於諸如神、佛、靈魂、無限的言詮，只是無益戲論。它們畢竟只是文字和觀念，究其本身而言，是無助於悟道的。相反地，它們經常會誤導我們甚至相互矛盾。我們也被迫要小心提防。有禪師說：「爭知道說箇佛字三日漱口。」❿或是「佛之一字，永不喜聞。」⓫或是「有佛處不得住，無佛處急走過。」⓬爲什麼禪門弟子這麼討厭佛呢？佛陀不是他們的世尊嗎？佛不是佛教的究竟實相嗎？他不可能是禪門弟子避之唯恐不及的討厭或不淨的東西。他們不喜歡的不是佛本身，而是黏著在那個字上面的討厭東西。

關於「佛是什麼或佛是誰」的問題，禪師們有各式各樣的回答方式；爲什麼會這樣呢？其中至少有一個理由，在於他們要我們捨棄任何來自外境的繫縛和執著，例如文字、觀念、欲望等等。以下是若干回答：

「土身木骨；五彩金裝。」[13]

「神工畫不成。」[14]

「殿裡底。」[15]

「非佛。」[16]

「汝是慧超。」[17]

「乾屎橛。」[18]

「東山水上行。」[19]

「不誑汝。」[20]

「獨坐五峰前。」[21]

「杖林山下竹筋鞭。」[22]

「麻三斤。」[23]

「口是禍門。」[24]

「水出高原。」[25]

「三腳驢子弄蹄行。」[26]

「蘆芽穿膝。」[27]

「露胸跣足。」[28]

這只是我隨手撿來的幾個例子。如果有系統地搜尋整個禪學文獻，我們會看到，關於「如何是佛」這個簡單的問題，有許許多多奇怪的回答。以上所舉的若干回答是完全不切題的；從我們一般的論證標準去看，它們一點也不恰當。而有些回答則是拿問題或提問者開玩笑。我們能夠相信說這些話的禪師們是認眞的或是眞的要讓弟子們開悟嗎？但是重點是，我們的心智是否和作此異語的禪師們的境界完全相契？如果是的話，每個回答都將會面目一新而且通澈晶瑩。

禪是實證且當下即是的

禪是實證且當下即是的，從不浪費時間或言語在解釋上面。它的回答總是很簡單扼要。在禪裡頭不會拐彎抹角講話；禪師的話總是直接說出來，沒有片刻耽擱。敲鐘聲即響。我們稍不留意，就無法捕捉到它。「眨上眉毛，早已蹉過也。」他們把禪比作閃電，良有以也。然而迅疾並不就是禪；任運自然、不假施設、直指生命本身，以及創造性——這些才是禪的本質。因此，如果我們要把握禪的精髓，就得小心不要陶醉於外在表象。只憑著前面關於「如何是佛」的回答，以文字和邏輯去認識禪，是何等困蹇而又容易迷路。當然，它們既是答案，就是指月的手，讓我們可以探究佛在何處；但是我們要記得指月的手始終只是手指而已，它無論如何是不會變成月亮本身的。當知性潛入且把手指當作月亮，總是暗藏著危險。

然而還是有些哲學家，以文字和邏輯的意義去把握那些回答，而試著在其中探索某種泛神論。於是，當禪師說「麻三斤」或「乾屎橛」時，他們就其字面意義認爲那是在宣說一種泛神論的理念。也就是說，那些禪師認爲佛在一切當中開顯自身：在麻布裡，在一塊木頭裡，在流水裡，在高山裡，或是在藝術作品裡。大乘佛教，尤其是禪宗，似乎都暗示著泛神論的精神，但是禪其實和泛神論一點都沾不上邊。禪師們一開始就預見了這種危險的傾向，此即爲什麼他們說了這些看似不通的話。他們是想要讓弟子或學者們不受任何成見、偏見或所謂邏輯詮釋的束縛。當洞山（雲門禪師法嗣）以「麻三斤」回答「如何是佛？」的問題時（那就像是在問「上帝是什麼？」一樣），他並不是說他手裡的麻布是佛的應化顯現，也不是說佛可以在任何東西裡以知見覓得。他只是回答說：「麻三斤。」在這平凡的事實述句裡，並沒有什麼形上學的蘊含。就像湧出的泉水或在太陽底下盛開的花朵一樣，這幾個字從他的內在意識裡蹦了出來。那裡頭沒有任何預謀或哲學。因此，如果我們要把握「麻三斤」的意義，首先得深入洞山的內在意識，而不是抓著他的話尾巴。下一次他可能會給個完全不一樣的答案，而和已經給與的回答相衝突。邏輯學家當然會不知如何是好；他們或許會說他根本是瘋了。但是禪門弟子會說：「水上青青綠。元來是浮萍。」㉙而他們知道他們的回答和洞山的「麻三斤」完全契機。

以下的例子或許可以明白為什麼禪不是泛神論的一種形式，如果我們所謂的泛神論是指一種哲學，主張可見的世界即最高實在，無論那是上帝或理念，並且認為上帝不能獨立於其開顯而存在。其實，禪不僅止於此。禪不會浪費時間在哲學討論上面。但是哲學也是一種生命活動的開顯，因此，禪並不一定要呵斥它。如果有個哲學家想要明心見性，禪師絕對不會拒絕他的謁見。早期的禪師對所謂的哲學家比較寬容，而不像臨濟義玄禪師或德山宣鑒禪師那麼不耐煩，他們對待哲學家們的方式總是機鋒相對，峻峭辛辣。以下引一段大珠慧海禪師[1]所著的《頓悟入道要門論》，它是八、九世紀的禪學論叢，其時禪宗正要開始興盛起來：

僧問：「言語是心否？」

師曰：「言語是緣，不是心。」

曰：「離緣何者是心？」

師曰：「離言語無心。」

曰：「離言語既無心，若為是心？」

師曰：「心無形相，非離言語、非不離言語，心常湛然，應用自在。祖師云：『若了心非心，始解心心法。』」

大珠繼續寫道：

喚作法性，亦名法身。馬鳴祖師云：所言法者，謂眾生心。若心生，故一切法生；若心無生，法無從生，亦無名字。迷人不知法身無象，應物現形，遂喚青青翠竹總是法身，鬱鬱黃花無非般若。黃華若是般若，般若即同無情；翠竹若是法身，法身即同草木；如人喫筍，應總喫法身也；如此之言，寧堪齒錄？

二

如果只讀過前面關於「不合邏輯的禪」以及「禪是更高的肯定」的討論，許多人或許會說禪太過深思高舉，遠離我們的日常生活，或許很迷人，卻非常難以捉摸。我們不能責怪他們這麼想。因此，我們也要從禪的平易近人的面向去闡述它。生活是一切事物的基礎；沒有了它，就沒有立足點。儘管我們有種種哲學或是高遠的理念，我們還是不能逃避當下的生活。就算是天文學家，也是在堅實的土地上行走。

那麼，什麼是人人都懂得的禪呢？

趙州禪師有一次問一個新進的僧人：

> 「曾到此間麼？」曰：「曾到。」師曰：「喫茶去。」又問僧。僧曰：「不曾到。」師曰：「喫茶去。」後院主問曰：「為甚麼曾到也云喫茶去，不曾到也云喫茶去？」師召院主，主應喏，師曰：「喫茶去。」[30]

趙州是唐朝機峰銳利的禪師之一，對於禪宗在中國的開展貢獻很大。據說他八十尚自行腳[31]，以圓證無生法忍。他於一百二十歲圓寂。有人說：「禪師垂示，如五色珠，」[32]或謂：「趙州禪只在口唇邊。」[33]有初參僧人問趙州：

「學人乍入叢林，乞師指示。」師曰：「喫粥了也未？」曰：「喫粥了也。」師曰：「洗鉢盂去。」其僧忽然省悟。㉞

有一天，趙州在掃地，一個僧人問道：

「和尚是大善知識，為甚麼掃地？」師曰：「塵從外來。」曰：「既是清淨伽藍，為甚麼有塵？」師曰：「又一點也。」㉟

趙州的觀音院有一座橋遠近馳名，一個僧人來謁，問道：

「久嚮趙州石橋，到來只見掠彴。」師云：「汝只見掠彴，不見趙州橋。」僧云：「如何是趙州橋？」師云：「過來過來。」又有僧同前問，師亦如前答。僧云：「如何是趙州橋？」師云：「度驢度馬。」僧云：「如何是掠彴？」師云：「箇箇度人。」㊱

我們在這些對話裡只看到關於日常生活和自然的絮語嗎？裡頭沒有靈性的、有益於宗教靈魂的開悟的東西嗎？如此說來，禪豈不是太枯燥乏味，太單調平凡了嗎？從高聳入雲的超驗主義突然掉落到日常生活來，會不會太突兀了點？呃，那要看你怎麼想了。我桌上點著一炷香。這是小事嗎？大地震造成富士山坍方，這是大事嗎？就我們的空間概念而言，的確如此。但是我們眞正活在一個喚作「空間」的圈地裡嗎？禪會立即回答說：「一炷香爇三界爇，趙州茶碗天女舞。」只要我們一直意識到時空，禪就會對你敬而遠之；你的假期被虛擲，你的睡眠有障礙，你整個生活是個失敗。

我們看看溈山靈祐禪師和仰山慧寂禪師的對話：仰山在夏末向溈山問訊：

溈曰：「子一夏不見上來，在下面作何所務？」師（仰山）曰：「某甲在下面，鉏得一片畬，下得一籮種。」溈曰：「子今夏不虛過。」[37]

孟子說：「道在邇而求諸遠。」禪亦復如是。我們總是向萬里無寸草處尋去，也就是抽象言詮和形上學的詭辯，然而禪的眞理其實就在我們每天的著衣喫飯裡頭。龍潭崇信禪師隨天皇禪師出家，有一天他問天皇說：

「某自到來，不蒙指示心要。」皇曰：「自汝到來，吾未嘗不指汝心要。」師（龍潭）曰：「何處指示？」皇曰：「汝擎茶來，吾為汝接；汝行食來，吾為

汝受；汝和南時，吾便低首。何處不指示心要？」㊳

這就是禪嗎？這就是禪要我們擁有的生活體驗嗎？有一句禪詩說：

神通并妙用，運水及搬柴。

當人們說禪不合邏輯且非理性的時候，膽小的讀者便望之卻步，或許會把它束諸高閣，但是我相信這一章探討實證的禪，應該可以緩和關於禪的知性探究給人們的嚴峻和笨拙的印象。禪的眞理是在於其實修，而和非理性無關，因此我們不必太在意它的非理性面向。那只會讓一般人更難以理解禪，但是爲了說明禪是直截了當且老實商量的，同時也要強調它的實證面向，我要再舉若干汲取自非常素樸的生活經驗的「公案」。的確，它們很素樸，因爲它們既沒有概念證明，也沒有知性分析。你看到禪師舉拄杖，或是要你取一件傢俱來，甚或只是喚你的名字。這些都是生活裡最平凡的事，也不會引起注意，然而禪就在其中，也就是那個你認爲非理性的、或者是玄之又玄的禪。以下就是幾個例子，簡單、直接且平凡，其中卻有著無盡意㊴：

石鞏會藏禪師[2]有一次問西堂㊵說：

「汝還解捉得虛空麼？」堂曰：「捉得。」師（石鞏）曰：「作麼生捉？」堂以手撮虛空。師曰：「汝不解捉。」堂卻問：「師兄作麼生捉？」師把西堂鼻孔拽，堂作忍痛聲曰：「太煞！拽人鼻孔，直欲脫去。」師曰：「直須恁麼捉虛空始得。」[41]

有一僧問鹽官齊安國師（馬祖道一禪師的另一個弟子）說：

「如何是本身盧舍那？」師曰：「與老僧過淨瓶來。」僧將淨瓶至，師曰。「卻安舊處著。」僧送至本處，復來詰問。師曰：「古佛過去久矣。」[42]

對此，佛眼和尚評道：「自是古佛過去久矣。」[43]

如果說這些軼事還沒有完全擺脫知見障礙，那麼不妨看看南陽慧忠國師以下的公案，有一天慧忠國師三次喚侍者，侍者都應諾，禪師說：「將謂吾孤負汝，卻是汝孤負吾。」[44]這還不夠簡單嗎？只是喚他的名字？從一般的邏輯觀點去看，慧忠國師最後的評語或許不是很容易懂，但是叫喚和應諾卻是生活裡最普通且平凡的事。禪說道就在其中，因此我們可以明白禪是如何平凡的東西。裡頭沒有任何奧祕，所有人都可以看到事實：我叫喚你，你應諾；一個人說「哈囉」，另一個人說「哈囉」，如此而已。

壽州良遂禪師初參麻谷寶徹禪師：

谷見來，便將鋤頭去鋤草。師到鋤草處，谷殊不顧，便歸方丈，閉卻門。師次日復去，谷又閉門。師乃敲門，谷問：「阿誰。」師曰：「良遂。」纔稱名，忽然契悟曰：「和尚莫謾良遂，良遂若不來禮拜和尚，洎被經論賺過一生。」谷便開門相見。及歸講肆，謂眾曰：「諸人知處，良遂總知。良遂知處，諸人不知。」[45]

良遂光是領悟到師父叫喚他的箇中含義，就能夠說出這番話來，這不是很奇妙嗎？

禪的真理和力量就在於它的單純、直接和平凡

這些例子是否讓我們在探討的主題比較清楚易懂了呢？如此的例子不可勝數，但是以上所引就足以證明禪畢竟不是一種很複雜的東西，或是需要高度抽象或思辨能

力的一種研究。禪的眞理和力量就在於它的單純、直接和平凡。「早安，你好嗎？」「謝謝，我很好。」禪就在這裡頭。「喫茶去」也充滿了禪意。一個僧人在田裡工作，飢腸轆轆，聽到藥石的雲板響起，便趕緊放下工作到齋堂去。師父看到他，由衷地開懷大笑，因爲那僧人正充分地實踐禪。㊻沒有比這個更自然的；我們唯一要做的，就是睜開眼睛去諦觀萬物的蘊義。

但是這裡有個危險的陷阱是習禪者必須特別注意的。禪不可以和自然主義（naturalism）或是蕩檢踰閑混爲一談，那意味著放任一個人的本性習氣，而不去質疑其起源和價值。人的行爲和動物的行爲有很大的不同，後者缺少道德直觀和宗教意識。動物不知道要努力改善他們的處境或是追求更高的德行。石鞏慧藏禪師有一天在廚房裡幹活，馬祖道一禪師問他說：

「作甚麼？」曰：「牧牛。」祖曰：「作麼生牧？」曰：「一回入草去，驀鼻拽將回。」祖曰：「子真牧牛。」㊼

這不是自然主義，要把事情做好，是得下工夫的。

源律師有一次問大珠慧海禪師：

「和尚修道，還用功否？」師曰：「用功。」曰：「如何用功？」師曰：「飢來喫飯，困來即眠。」曰：「一切人總如是，同師用功否。」師曰：「不同。」曰：「何故不同？」師曰：「他喫飯時不肯喫飯，百種須索；睡時不肯睡，千般計較。所以不同也。」48

即使要把禪稱爲某種自然主義的形式，它也是有嚴格的修行支撐的。禪所謂的自然主義，是在這個意義下說的，而不是放浪形骸。放蕩不羈者沒有意志自由，他們被外境繫縛，載浮載沉，身不由己。相反的，禪享有完全的自由；也就是說，它是自己的主人。以大乘般若經部喜歡用的話來說，禪「無所住」。當事物有所住，它就被纏縛了，再也不是絕對的。以下的對話可以解釋這點：

問：心住何處即住？

答：住無住處即住。

問：云何是無住處？

答：不住一切處，即是住無住處。

云何是不住一切處？

答：不住一切處者，不住善惡有無內外中間，不住空、亦不住不空，不住定、亦不住不定，即是不住一切處；只箇不住一切處，即是住處也；得如是者，即名無住心也，無住心者是佛心。[49]

雪峰義存禪師在唐代以爲道辛勤著稱。他在多年行腳禪修當中隨身帶著杓子，意思是甘於叢林裡最低下辛苦的工作，也就是伙夫，而杓子就是其記號。他繼承德山衣缽成爲住持以後，有一個僧人問道：

「和尚見德山，得箇甚麼，便休去？」師曰：「我空手去，空手歸。」[50]

這豈不是對於「無所住」最平凡的解釋嗎？眾僧請百丈涅槃和尚說法：

百丈謂眾曰：「汝等與我開田，我與汝說大義。」眾開田了，歸請說大義。師乃展兩手，眾罔措。

這就是他偉大的說法。

1：大珠慧海禪師，馬祖禪師法嗣，著有《頓悟入道要門論》。

2：馬祖禪師弟子。皈依前爲獵戶。關於他和馬祖的對話，見拙著《鈴木大拙禪論集》卷三。

譯注

❶：《楞嚴經》卷二：「如人以手指月示人，彼人因指當應看月。若復觀指以爲月體，此人豈唯亡失月輪，亦亡其指。」《大智度論》卷九：「如人以手指指月，以示惑者。惑者視指而不視月。」

❷：見《五燈會元》卷第四。

❸：見《五燈會元》卷第一：「帝曰：『對朕者誰？』祖曰：『不識。』」

❹：見《五燈會元》卷第四。

❺：《傳燈錄》卷第十四。

❻：見《碧巖錄》。

❼：石霜楚圓禪師語。見《慈明禪師語錄・三句頌》：「第三句：維摩示疾文殊去，對談一默震乾坤，直至如今作笑具。」

❽：《六祖壇經・機緣品第七》。

❾：《東林和尚雲門庵主頌古》：「東林頌：紫羅帳裡撒眞珠，禪客相承總掠虛；拍手呵呵開口笑，釋迦彌勒是他奴。」

❿：見《無門關》卷一。

⓫：丹霞天然禪師語。見《五燈會元》卷第五。

⑫：雲峰文悅禪師語。見《五燈會元》卷第十二。

⑬：寶嚴叔芝禪師語。見《五燈會元》卷第十五：「僧問：『如何是佛？』師曰：『土身木骨。』曰：『意旨如何？』師曰：『五彩金裝。』曰：『恁麼則頂禮去也？』師曰：『天台楖栗。』」

⑭：杭州龍井通禪師語。見《五燈會元》卷第七。

⑮：趙州從諗禪師語。見《五燈會元》卷第四。

⑯：淨居尼妙道禪師語。見《五燈會元》卷第二十。

⑰：策眞法施禪師語。見《五燈會元》卷第十。

⑱：雲門文偃禪師語。見《東林和尚雲門庵主頌古》。

⑲：雲門文偃禪師語。見《雲門匡眞禪師廣錄》卷上。

⑳：建州夢筆和尚語。見《五燈會元》卷第七。

㉑：法華院和尚語。見《五燈會元》卷第十一。

㉒：風穴延沼禪師語。見《五燈會元》卷第十一。

㉓：洞山守初禪師語。見《五燈會元》卷第十五。

㉔：五祖法演禪師語。見《五燈會元》卷第十九。

㉕：石霜楚圓禪師語。見《五燈會元》卷第十二。

㉖：楊歧方會禪師語。見《五燈會元》卷第十九。

㉗：見《舒州法華山舉和尚語要》；《古尊宿語錄》卷二十六。

㉘：五祖法演禪師語。見《五燈會元》卷第十九。

㉙：《黃梅東山演和尚語錄》；《古尊宿語錄》卷二十二。

30：見《五燈會元》卷第四。

31：見《智門祚禪師語錄》；《趙州禪師語錄・趙州眞際禪師行狀》。

32：同前揭。

33：《續燈存稿》卷八。

34：見《五燈會元》卷第四。

35：同前揭。

36：見《傳燈錄》卷十。「掠彴」：獨木橋。

37：見《五燈會元》卷第九。

38：見《五燈會元》卷第七。

39：龐蘊居士語。見《舒州龍門佛眼和尚語錄》：「日用事無別，唯吾自偶諧；頭頭非取捨，處處勿張乖。朱紫誰爲號，丘山絕點埃；神通并妙用，運水及搬柴。」

40：西堂，「指曾於其他寺院任住持，而今客居於本寺者。又稱西庵。」（佛光大辭典）

41：見《五燈會元》卷第三。

42：同前揭。「盧舍那」：報身佛。

43：見《舒州龍門佛眼和尚語錄》；《古尊宿語錄》卷第二十八。

44：見《五燈會元》卷第二。

45：見《雲門匡眞禪師廣錄》卷中。

46：指百丈懷海禪師。見《五燈會元》卷第三：「普請钁地次，忽有一僧聞鼓鳴，舉起钁頭，大笑便歸。師曰：『俊哉，此是觀音入理之門。』師歸院，乃喚其僧問：『適來見甚麼道理，便恁麼？』曰：

『適來肚饑，聞鼓聲，歸喫飯。』師乃笑。」

㊼：見《五燈會元》卷第三。

㊽：同前揭。

㊾：見《頓悟入道要門論》。

㊿：見《雪峰眞覺禪師語錄》卷上。

第七章

開悟，或得到新的觀點[1]

An Introduction to Zen Buddhism

禪修的目的在於獲致一個新的觀點，以照見諸法實相。如果你一直習於根據二元論規則的邏輯思考，那麼就拋掉它，如是或許你可以轉向禪的觀點。你和我應該都活在同一個世界裡，但是誰知道在我窗外的石頭對我們兩人而言是不是一樣的？你和我一起喝一杯茶。我們的動作看起來很像，但是誰知道我們喝茶時的主觀心境差別有多大？你喝茶或許沒有禪，我喝茶卻饒富禪味。其理由在於：你在邏輯的圈子裡打轉，而我已經拋卻它。儘管在所謂禪的觀點裡其實沒有什麼新玩意，我們還是習慣以「新」去形容禪觀照世界的方式，但是這個說法對禪而言卻有點委屈。

禪的生命始於開悟

在禪裡頭得到新的觀點，就是「悟」或「開悟」。沒有「悟」就沒有禪，因爲禪的生命始於「開悟」，「悟」或許可以定義爲直觀的洞見，而對立於知性與邏輯的理解。無論如何定義它，「悟」意指著那囿於二元論的心智不曾見過的一個新世界的開展。首先我要請讀者們看看以下的「問答」，或許可以實際證明我的說法：

一個年輕僧人問趙州禪師：

「學人乍入叢林，乞師指示。」師曰：「喫粥了也未？」曰：「喫粥了也。」師曰：「洗鉢盂去。」其僧忽然省悟。❶

後來雲門禪師評論說：「且道有指示，無指示？若道有指示，向他道什麼？若道無指示，者僧何得悟去？」❷其後又有翠巖禪師反駁雲門說：「雲門不識好惡，恁麼說話，大似爲蛇畫足，與黃門栽鬚。翠巖則不然。這僧與麼悟去，入地獄如箭射。」❸

這到底是什麼意思？趙州的「洗鉢盂去」，僧人省悟，雲門的非此即彼，以及翠巖的自信滿滿？他們是在機鋒相對或是庸人自擾？在我心裡，他們都指出一條路，那僧人或許有很多條路走，但是他的省悟不會是徒然的。

德山禪師常講《金剛經》，是當時著名的學者。聽說南方不立文字、直指人心的禪風頗盛，於是往詣龍潭禪師聞法。有一天，德山禪師侍立，龍潭問：

「更深何不下去？」師珍重便出。卻回曰：「外面黑。」潭點紙燭度與師。師擬接，潭復吹滅。師於此大悟，便禮拜。

百丈懷海禪師有一天隨侍馬祖禪師散步：

見一群野鴨飛過。祖曰：「是甚麼？」師（百丈）曰：「野鴨子。」祖曰：「甚處去也？」師曰：「飛過去也。」祖遂把師鼻扭。負痛失聲。祖曰：「又道飛過去也。」師於言下有省。[4]

洗缽盂、吹滅燭和拽鼻子，這其中有什麼關聯嗎？我們必須學雲門的語氣說：如果沒有關聯，爲什麼他們都有所省悟呢？如果有的話，其內在關係是什麼？他們又悟得什麼？那個新的觀點是什麼？

大慧禪師（徑山宗杲禪師）門下有一位禪師，叫作開善道謙。[2]他習禪多年而無所省發。有一次被派到長沙去辦事，他很不想去，因爲此去要半年多，豈不是荒廢了修行？他的友人宗元禪師很同情他，便鼓勵他說：

「不可。在路便參禪不得也去，吾與汝俱往。」師（道謙）不得已而行。在路泣語元曰：「我一生參禪，殊無得力處。今又途路奔波，如何得相應去？」元告之曰：「你但將諸方參得底，悟得底，圓悟妙喜（道謙本師）為你說得底，都不要理會。途中可替底事，我盡替你。只有五件事替你不得，你須自家支當。」師曰：「五件者何事？願聞其要。」元曰：「著衣喫飯，屙屎放尿，馱箇死屍路上行。」師於言下領旨，不覺手舞足蹈。元曰：「你此回方可通書，宜前進，吾先歸矣。」元即回徑山。師半載方返。妙喜一見而喜曰：「建州子，你這回別也。」❺

我們要問，當道謙的好朋友宗元給他如此平凡無奇的勸告時，他頓悟了什麼？

香嚴智閑禪師是百丈禪師的弟子，百丈圓寂後，香嚴參學於溈山禪師（溈山是百丈的典座弟子），有一天溈山問他：

「我聞汝在百丈先師處，問一答十，問十答百。此是汝聰明靈利，意解識想，生死根本。父母未生時，試道一句看。」師被一問，直得茫然。歸寮將平日看過底文字從頭要尋一句酬對，竟不能得，乃自歎曰：「畫餅不可充飢。」屢乞溈山說破，山曰：「我若說似汝，汝已後罵我去。我說底是我底，終不干汝事。」師遂將平昔所看文字燒卻，曰：「此生不學佛法也，且作箇長行粥飯僧，免役心神。」乃泣辭溈山，直過南陽睹忠國師遺跡，遂憩止焉❻。

一日，芟除草木，偶拋瓦礫，擊竹作聲，忽然省悟。遽歸沐浴焚香，遙禮溈山，讚曰：「和尚大慈，恩逾父母。當時若為我說破，何有今日之事？」[7]

必須自己省悟諸法實相

禪不能夠這樣解釋嗎？師父不能透過解釋去讓弟子們開悟嗎？悟境是無法以知性去分析的東西嗎？是的，那是一種無法以任何解釋或論證傳達給他人的經驗，除非其他人也有那樣的經驗。如果「悟」可以經由分析而讓未開悟者完全明白，那麼它就不是「悟」了。如果「悟」翻轉成概念，那麼就不再是它自己；也就不會有禪的經驗。因此，禪的開示只能透過指示、暗示，或指出道路，讓習禪者找到他們的歸趣。若要省悟諸法實相，就必須自己去體驗，而不假他人之手。至於指示，則俯拾皆是。如果開悟的時節到了，則觸處皆眞，習禪者到哪裡都會開悟的。一個非語言的聲音、一段很難以理解的話、一朵盛開的花，或是一段小插曲，例如跌一跤，都會是豁然省悟的契機。從表面上看，一個很不起眼的事件卻有如此重大的影響，這似乎很不成比例。一點點小火花引起的大爆炸，可能造成天搖地動。而省悟的所有動因和條件都在心裡，只待時節到來。當心靈準備好了，鳥飛、鐘響，你會立即回到原來的家；也就是說，你會發現當下真正的自我。自始一切皆即洞然明白，纖塵無翳，只是你把眼睛遮起來，而看不到實相。因此，在禪裡頭不需要解釋什麼，也沒什麼可以教的，那些只會徒增知見。除非是自己的省悟，否則都不是真正屬於你的認識，而只是借來的羽翼。

宋朝詩人黃山谷曾皈依晦堂禪師，「乞指徑捷處」：

堂曰：「祇如仲尼道：『二三子以我為隱乎？吾無隱乎爾者。』太史居常如何理論？」公擬對。堂曰：「不是，不是。」公迷悶不已。一日侍堂山行次，時巖桂盛放，堂曰：「聞木樨華香麼？」公曰：「聞。」堂曰：「吾無隱乎爾。」公釋然，即拜之。

悟的終極目標是明心見性

以上的例子足以說明「悟」是什麼以及它如何開展自己。然而讀者或許會問：

「細讀了你的所有解釋或指示，我們似乎更迷惑了。你可以明確描繪什麼是悟境嗎？你的例子和對話夠多了，但是我們只是知道風怎麼吹，哪裡是船隻的避風港嗎？」對此，習禪者或許會回答說：在悟或禪裡頭，沒有任何東西可以用知見去描述、言詮或證明的。因爲禪和觀念沒有半點交涉，而悟則是一種內在知覺——是的，它不是對於某個個別對象的知覺，而是對於法界實相本身的知覺。悟的終極目標是明心見性；除了回到自己心裡，別無其他道路。於是趙州說：「喫茶去。」於是南泉說：「我這鎌子用得快。」❽這就是自性的發用，而如果自性是可以把握到的，則要在它的發用當中去覓得。

「悟」直指存在的根源，因此省悟通常也被認爲是一個人生命裡的轉捩點。但是開悟必須是一念頓歇，徹了自心；如果「悟」是得少爲足，那麼還不如不悟。我們看看以下的例子：

臨濟義玄禪師向黃檗希運禪師三度問佛法大意，三度被打，非常沮喪，自怨自艾，但是他省悟了以後，卻脫胎換骨，乃曰：「元來黃檗佛法無多子。」❾他回到老婆心切的黃檗那裡，回了他一巴掌。我們或許會想：「眞是傲慢鹵莽啊！」但是臨濟的粗魯是有理由的；也無怪乎黃檗挨了一巴掌還很高興。

德山宣鑒禪師大悟以後，把他視爲珍寶而隨身攜帶的《金剛經》疏鈔堆到法堂前，一把火給燒掉，他說：「窮諸玄辯，若一毫置於太虛；竭世樞機，似一滴投於巨壑。」⑩

前面提到馬祖和百丈看到一群野鴨子飛過，百丈卻被馬祖扭鼻子，第二天：

馬祖陞堂，眾纔集，師出卷卻席，祖便下座，師隨至方丈。祖曰：「我適來未曾說話，汝為甚便卷卻席？」師曰：「昨日被和尚扭得鼻頭痛。」祖曰：「汝昨日向甚處留心？」師曰：「鼻頭今日又不痛也。」祖曰：「汝深明昨日事。」師作禮而退。⑪

這些例子足以說明開悟在一個人的心靈裡產生了什麼變化。比丘們在省悟前顯得多麼的無助啊！他們就像迷失在沙漠裡的旅人。但是在大悟以後，他們卻又像是專制的君王；他們不再是任何人的奴僕，他們是自己的主人。

在上述的評論以後，我們說明一下所謂「悟」的心眼開啓的幾個要點：

一、人們經常想像禪修即是經由沉思產生一種自我暗示的狀態。從上述的各種例子可以證明這根本是個誤解。開悟並不在於經由密集的觀想而創造出某個預先假想的狀態。它是得到一個省察事物的新觀點。自從意識開展以來，我們習慣以某種概念和分析的方式去回應內在和外在狀態。習禪則是要一舉打破這個基礎，在全新的地基上重建原來的架構。因此，習禪顯然不是要去默觀形上學或象徵性的句子（它們也是相關的意識的產物）。

二、如果沒有先開悟，是不可能觀照禪的眞理的。「悟」是突然意識到一個夢想不到的全新眞理。它是在積累了許多知見以後的心智的劇變。這個積習已經到了穩定性的極限，整個體系崩塌掉，你看，一片新天地卻因而展現眼前。水到了冰點頓時結成了冰；液體突然變成了固體，再也無法自由流動。正當一個人覺得他的整個存有已經山窮水複的時候，「悟」冷不防地襲向他。在信仰上，它是個新生命；在知性上，那則是得到一個新的觀點。原本世界籠罩著難看的二元論，以佛教的術語講，就是幻相，而今它卻彷彿換上了新裝。

三、「悟」是禪的存在理由，沒有了它，禪就不是禪了。因此，所有的工夫，無論是事上或理上，都是以開悟爲目標。禪師沒有耐心等待「悟」自己隨興而至。他們急切地幫助弟子們悟道，於是以看似無法理解的動作，爲弟子們創造一個心境，可以更有系統地走上開悟之路。至今大部分宗教和哲學的導師用過的知性闡述和教誨，都無法產生他們所要的效果，而他們的弟子也更加往而不返。當佛教初傳中國之時尤其是如此，印度抽象的形上學傳統，以及複雜的唯識學體系，讓務實的中國人不知道該怎麼去把握佛陀的教法大意。菩提達磨、六祖、百丈和其他古德，都注意到這個事實，於是很自然有了禪學的主張和開展。他們認爲開悟比讀經看教、依經解義重要，甚至認爲「悟」即是禪。因此，禪而沒有「悟」，就像沒有辣味的胡椒。但是太過執著於開悟經驗，也是禪師們要呵斥的。

四、禪對於「悟」的重視，更能突顯「禪」不同於印度或中國其他諸宗裡的「禪那」體系，所謂的「禪那」，是指對於某個思想的靜慮或觀想，在小乘佛教裡，主要是觀想「無常」，在大乘則是觀「空」。當身心安頓而泯然無奇，體認到絕對的空寂，一念不生，亦無無心之念；換言之，當意識領域裡滌蕩一切心理活動形式，心如萬里無雲的虛空，一片蔚藍，這就是究竟的「禪那」境界。我們或許可以說那是出神或狂喜，但絕不是禪。在禪裡頭，必須有「悟」，必須有心靈的劇變，摧破知見的習氣，爲新生命奠立基礎；必須有新的感官的覺醒，以夢想不到的新的觀察角度去省察原來的事物。在「禪那」裡則沒有這些東西，因爲那只是心的靜慮法門。「禪那」本身當然有其價値，但是不能被等同於禪。

五、「悟」並不會像某些基督教神祕主義者所主張的見到上帝本身。禪自始即明白堅持其主題，亦即洞察受造世界的全體大用；他們或許會看到造物者忙著捏塑祂的宇宙，或者是離開祂的工廠，但是禪會繼續它自己的工作。它並不依賴造物者的支撐；當它找到生活的理由時，就已經心滿意足了。五祖法演禪師曾經舉起手問弟子們爲什麼把它喚作手⑫。如果我們知道理由，我們就省悟了，而那也就是禪。神祕主義者的上帝仍然是有跡可尋的東西；當你有了上帝，那就排除了一切「不是上帝」的東西。這是自我設限。禪要絕對的自由，甚至要擺脫上帝的羈絆。「無所住」是這個意思；「說箇佛字三日漱口」也是這個意思。禪並不想要呵佛罵祖，而是它體會到名字言詮的不足。藥山惟儼禪師上堂說法，不發一語便下座回到方丈裡去⑬。百丈禪師「行數步，退身而立，展開兩手」⑭，則是他對於同一個原理的解說方式。

六、「悟」既不是什麼槁木死灰的心態，也不是病態心理學的研究主題。說起來，它其實是很正常的心理狀態。當我說到心靈的劇變，或許有人會認爲禪是一般人避之唯恐不及的東西。這是天大的誤會，卻也很不幸的是大部分有偏見的評論者會主張的理由。正如趙州說的「平常心是道」；門是向裡開或是向外開，端看門的鉸鍊怎麼調整。即使是一眨眼，一切都會變得很不同，你會悟道，既完美又正常。不僅如此，你也會得到全新的東西。你的心識活動會以全然不同的基調去運作，更自在、更安詳，比以前經驗到的一切東西都更加法喜充滿。生命的調性會改變。在悟得禪的時候，你會有恢復生命力的感覺。春天的花看起來更美麗，山泉也更清洌晶瑩。依主體的革命而轉的心境，我們不能說它是「病態」。如果說生命能夠更加喜樂，而且涵攝整個宇宙，那麼在「悟」裡頭一定有什麼很寶貴而值得追尋的東西。

1：關於這個主題更詳盡的探討，見拙著：*Essays in Zen Buddhism, I*, pp. 215-50; II, pp. 4ff。

2：見本書〈公案〉一章。

譯注

❶：見《五燈會元》卷第四。

❷：見《雲門匡真禪師廣錄》卷中；《古尊宿語錄》卷十六。

❸：見《雲峰悅禪師初住翠巖語錄》；《古尊宿語錄》卷四十一。

❹：見《五燈會元》卷第三。

❺：見《五燈會元》卷第二十。

❻：見《五燈會元》卷第九。

❼：見《五燈會元》卷第十七。

❽：《禪林類聚》卷十七。另見《五燈會元》卷第三：「僧問：『南泉路向甚麼處去？』師拈起鎌子曰：『我這茆鎌子，三十錢買得。』曰：『不問茆鎌子，南泉路向甚麼處去？』師曰：『我使得正快。』」

❾：見《傳燈錄》卷第十二。

❿：見《五燈會元》卷第七。

⓫：見《五燈會元》卷第三。「卷卻席」：一般意謂著上堂開示結束。

⓬：見《禪宗頌古聯珠通集》卷第三十九：「五祖演展手問僧曰：『因何喚作手？』頌曰：『何故喚作手，衲僧難開口。擬議自顢頇，可憐太蒙斗。』（佛眼遠）」

⓭：見《五燈會元》卷第五：「師久不陞堂。院主白曰：『大眾久思和尚示誨。』師曰：『打鐘著。』眾纔集，師便下座，歸方丈。院主隨後問曰：『和尚既許爲大眾說話，爲甚麼一言不措？』師曰：『經有經師，論有論師，爭怪得老僧？』」

⓮：《白雲端和尚語錄》卷二。

第八章

公案[1]

An Introduction to Zen Buddhism

禪是東方文化很獨特的產物，就其實修層面而言，它的獨特性在於其有體系的修心工夫，在起疑情的時候，可以做好開悟的準備。禪可以說是一種神祕主義的形式，但是無論在體系、修行或究竟成就上面，都迥異於其他形式的神祕專文推薦主義。我所指的修行，主要是就參「公案」和「坐禪」而言。

禪的修行主要是參公案和坐禪

「坐禪」，梵語謂「禪那」，意思是於閑靜處，結跏趺坐，繫心觀想。這個法門源自印度，傳遍整個東方世界。數百年來都是如此，現代習禪者仍然信守奉行它。就此而論，坐禪是東方世界最盛行的靈修方法，但如果說是和公案一起使用的話，則非禪學莫屬。

本章並不想解釋「坐禪」或「禪那」是什麼，而是要探討「公案」，它是現在東亞最基本的禪學特質。「禪那」原本在佛教裡是「三學」之一：戒（sila）、定（dhyana）、慧（prajna）。正信的佛教徒應該信守佛陀留下來的道德戒律，嫻熟調伏其心的各種方法，並且增長智慧[2]，窮究佛教的形上學，以認識邏輯的種種複雜關係。如果一個人無法具足這些條件，就不能說是好的佛陀弟子。但是隨著佛教的開枝散葉，有些佛教徒會強調「三學」裡的某一個面向。有些人著重道德面向，有些人在禪定上面下工夫，有些人則是深入經藏。禪門弟子或許會被認爲是修習禪那者，但是在禪學裡，禪那已經不再是它原來的意思了。因爲在這種印度特有的靈修形式裡，禪已經有了自己的目標。根據天台宗智者大師《釋禪波羅密次第法門》所引的《摩訶衍論》，修習禪那（禪波羅密）的大意是要發菩提心，也就是每個佛教徒都要重視的四弘誓願[3]：

> 禪為利智藏，功德之福田。
> 禪如清淨水，能洗諸欲塵。
> 禪為金剛鎧，能遮煩惱箭。
> 雖未得無為，涅槃分已得。
> 得金剛三昧，摧碎結使山。
> 得六神通力，能度無量人。
> 囂塵蔽天日，大雨能淹之。
> 覺觀風動之，禪定能滅之。❶

禪那（Dhyana）的字根是「dhi」，意爲「覺知」、「思惟」、「心住於一處」；不過「dhi」在字源上又和「dha」有關，意爲「持」、「守」、「受持」。因此，禪那意爲寂靜審慮，攝心不亂，繫心於一個念頭。因此，在習禪或修禪那時，要息諸外緣，身心安頓，捨卻種種根塵煩惱。例如飲食必須調節得宜；也不能貪睡；身體保持輕鬆舒適的姿勢，正身端坐，其次要調息，我們知道印度人尤擅此道。而閑居靜處以修習禪那，也是很重要的考量，應盡量避免市集、工廠和辦公地區。關於調身和調心，還有許多規定和建議，詳見智者大師的《釋禪波羅密次第法門》[4]。

正如以上關於「禪那」的簡述，禪門弟子坐禪的目的和一般佛教徒有所不同。在禪裡頭，禪那或坐禪是用來參公案的手段。禪不以禪那爲究竟目的，因爲除了公案以外，坐禪只是次要的考量。然而對禪師而言，它無疑是必要的資糧；如果習禪者的坐禪工夫不徹底，那麼即使他明白了公案，也無法悟道。公案和坐禪是禪的兩個不可偏廢的工夫；前者是禪的眼睛，後者是禪的腳。

以坐禪作為參公案和開悟的工具

在中國早期佛教裡，精進的佛教徒們最早注意到的是各種哲學討論，而諸如《華嚴經》、《法華經》、《般若經》和《涅槃經》等等經部，也都很早就有了漢譯本。佛經裡深邃的形上學思想吸引了中國學者，遠勝於經裡的其他東西，或許主要是受到不世出的鳩摩羅什（Kutnarajiva）的影響，中國佛教徒皆熱中於看經說教。其次才是佛教的倫理學研究。當禪宗初祖菩提達磨於西元六世紀到中國時，他甚至被懷疑是異端。佛教學者既不了解他也不喜歡他。甚至當六祖慧能以沒沒無聞的嶺南獦獠傳承禪宗衣缽時，其他禪人並不很注意他。根據中國早期佛教的傳記作品，以及當時關於禪那的漢譯佛典，我們知道彼時的禪那或坐禪主要是根據小乘的傳統，直到慧能下兩代，我們現在所認識到的禪宗才眞正誕生，並且迅速開展，使中國其他諸宗相形見絀。現在中國的佛教寺院莫不屬於禪宗，而大部分是臨濟宗[5]。禪宗的壓倒性勝利，部分的原因就在於以坐禪作爲參公案和開悟的工具。

公案原指官府的判例、公府的案牘，唐代以後開始流行。現在則是指古德的軼聞，或是師父和弟子們的對話，或是師父上堂開示或提問，它們都是用來明心見性的。當然，起初並沒有我們現在看到的公案；那是後來諄諄教誨的禪師們用來評唱拈弄的工具，以燭照情識昏暗的弟子們。

即使放任自然，心靈也會自己成長，但是人們不能這麼枯坐等候，而總要多管閒事。他們沒有耐心；只要有機會插手，他們一定會干預。這個干預有時候很有幫助，有時候則適得其反。若是利多於弊，我們會歡迎人爲的干預，稱之爲增長或進步；但是如果不是這樣，我們會說那是退步。文明是人爲造作的，有些人不滿意，會想要回歸自然。呃，所謂現代的進步，絕非全然幸福的；但是就整體而言，至少在物質生活方面，我們似乎過得比以前好，也看到有改善的空間。因此，我們的抱怨一般來說不會很激烈。

同樣的，在純粹、自然且簡單的禪裡頭加入「公案」的體系，既是退墮也是增長。但是公案既然存在了，就很難捨卻。當然，禪師難免會認爲他的弟子們根器不如他銳利，也比較不容易悟道。他很想告訴他們他悟道時的妙樂。老婆心切的禪師亟思令禪眾開廓本有，透脫牢關，務使他們看到悟境的未知美麗，那是流浪生死無明的弟子們幾乎不能體會的。禪師們知道公案也是人爲造作，畫蛇添足，因爲除非一個人澈見自心，否則禪的眞理既無法洞然分明，也不會有創造性的生命力。但是如果說究竟眞實難以覓得，那麼擬似也無妨；如果任由弟子們手忙腳亂無討頭處，那麼它恐怕永遠無法被領會到。擬似並不一定只是機權策發而已，裡頭也有它的道理，而且充滿了各種可能性；因爲如果合宜使用公案和坐禪的體系，的確是可以讓人悟道見性的。那麼我們為什麼不好好利用它呢？

起初，禪師們有點像是自己在摸索；他們沒有什麼柔性的教育（soft education），不曾到大學裡研究學問，但是他們心裡決心勘破人生大事因緣，於是孜孜矻矻地接近一切善知識。他們向上一路，踽踽獨行。當然，他們有師父，但是他們的師父不像現在學校裡的老師那樣處處提攜，甚至有些揠苗助長。古代的禪師缺少諄諄教誨，卻也讓他們更堅韌雄勁。此即為什麼唐代早期禪宗鼎盛，機器不凡。到了宋代，公案開始流行，禪宗的黃金時代也差不多告終，逐漸顯露出衰敗之相。

初心用功的下手處

以下是後代弟子們流傳的第一則公案。惠明（道明禪師）請六祖慧能為他說法，慧能說：「不思善，不思惡，正與麼時，哪箇是明上座本來面目？」❷（給我看「這個面目」，你就得見禪的奧祕。在亞伯拉罕出生前的你是誰？在你和這個傢伙面對面交談以後，你會更明白你是誰，上帝是誰。六祖要惠明和這個原初的人握手，用形上學的話來說，那就是他的內在自我。）

六祖在問惠明時，惠明其實已經有了悟道的準備。問句只是個表相，它其實是用來打開聞法者心眼的肯定句。六祖看到惠明就快要省悟了，惠明在黑暗裡辛苦摸索很久；而今他因緣具足，猶如瓜熟蒂落，只需要師父最後的提點。「本來面目」的詰問是最後必要的機下透脫，於此惠明頓時大悟。但是如果是對工夫下得不夠透澈的初學者如此詰問「本來面目」，則經常是要他們明白：他們以前視爲理所當然或是在邏輯上不可能的東西，其實並不必然如此，他們以前的知見也於見性無益。了解這點以後，弟子們可以專注在這句話，窮究其中的道理。公案的目的，就是讓弟子們認眞去參究。弟子們必須以此態度抖擻精神，奮發勇猛，決定要勘他箇水落石出，如轉石萬仞，直墮深崖。唯有破除生死心，才能夠如六祖的話，澈照「本來面目」。如是我們可以看到，現在使用公案的方式和以前頗爲不同。如前所說，惠明自心的工夫做得透澈，到了最後的關頭；六祖的詰問不是作爲參禪的開端，而是競賽的終點。但是現在的公案卻被視爲第一道菜，也就是初心用功的下手處。儘管如此的下手處多少有點機械式，卻爲參禪觀心賦與一個基調；公案的作用就像槓桿一樣。當各種因緣成熟時，心靈就會豁然省悟。於是，利用公案讓心靈窺見自身的祕密，便成了現代禪學的一個特質。

白隱禪師曾經舉一隻手，要弟子們聽聽它的聲音。通常是兩隻手拍擊才會有聲音，因此一隻手是不會有聲音的。但是白隱就是要顛覆以所謂科學或邏輯爲基礎的日常生活經驗。如果要以禪的體驗建立新的事物秩序，這個根本的顛覆是必要的。因此，白隱才會問弟子們這個看似不自然並因而不合邏輯的問題。第一個公案是關於「面目」，和觀看有關，而第二個則是關於「聲音」，和聽覺有關；但是兩者的意旨則無二致；它們都要開啓心靈的密室，弟子們可以看到裡頭有無盡寶藏。視覺或聽覺和公案的本質意義無關；有一位禪師說，公案只是「敲門瓦子」、「標月指」[3]。它只是要綜合或超越（隨你怎麼說）感官的二元論。只要心識無法自由地知覺一隻手發出的聲音，它就是受限的、有分別的。心識不僅無法把握世界的奧祕，反而沉淪在事物的相對性以及它們的表相裡。唯有捨卻諸繫縛，心識才可能喜悅地觀照整個世界。一隻手的聲音其實蓋天蓋地，正如一個人的本來面目也看遍三千大千世界，甚至直到時間的終點。白隱和六祖攜手站在同一個平台上。

我再舉另一個例子。有僧人問趙州：

「如何是祖師西來意？」師（趙州）曰：「庭前柏樹子。」曰：「和尚莫將境示人。」師曰：「我不將境示人。」曰：「如何是祖師西來意？」師曰：「庭

前柏樹子。」❹

初學者也拿它當作一則公案。

抽象而論，這些公案即使就常識的觀點而言也不能說完全不合常理，如果我們要論究它們，或許仍然有足夠的空間。例如說，有些人會認爲白隱的一隻手是在象徵宇宙或無限者，而趙州的柏樹子則是至道的具體開顯，於其中或許可以看到佛教的泛神論傾向。但是以知見去理解公案，那就不是禪了，我們在這裡看到的也不是形上學的符號體系。禪無論如何都不能和哲學混爲一談；禪有自成一格的理由，我們不能忽略這個事實，否則禪的整個結構將會支離破碎。「柏樹子」永遠是柏樹子，和泛神論或任何「主義」無關。即使是在最普泛或大眾化的意義下，趙州都不是哲學家；他是澈頭澈尾的禪師，而從他的兩片唇說出來的，都是直接源自他的內證經驗。因此，如果沒有這個很像「主體主義」的東西（儘管在禪裡頭並沒有主體和客體、思維和世界的二元對立），「柏樹子」就完全失去其意義。如果它是知性或概念的述句，我們或許可以經由其中觀念的推論程序去理解其意義，或許也會以爲我們終於解決了難題。但是禪師會告訴你，即使如此，禪仍在三千里外，而趙州的靈魂會在你終究無法揭開的簾子後面嘲笑你。公案是要在那邏輯分析無法企及的心靈深處去涵養的。當心識因緣具足而和趙州的境界莫逆於心，那麼「柏樹子」的意義便會自己開顯；而你不需要更多的詰問，就已經了然於胸。

趙州圓寂以後，法眼禪師曾問趙州的弟子慧覺禪師（覺鐵嘴）：「承聞趙州有『庭前柏樹子』話，是否？」慧覺說：「無。」但是那顯然違反事實；因爲每個人都知道趙州說過那句話，法眼禪師也知道。他的問題只是要看看趙州的弟子對於「庭前柏樹子」的故事有什麼看法，於是他又問：「往來皆謂僧問：『如何是祖師西來意？』州曰：『庭前柏樹子。』上座何得言無？」慧覺說：「先師實無此語，和尚莫謗先師好。」❹此話眞是蠻横無禮。但是悟道的人都明白，這個斷然的否認證明了慧覺完全理解他的師父的禪法。沒有人會懷疑他是否悟道。但是從我們常識的觀點，卻無法以知性去解釋他的斷然否認如何和事實相符。因此，對於那些認爲「庭前柏樹子」的故事意味著大乘佛教有泛神論傾向的評論者，禪是完全不假辭色的。

於是，公案一般就是如此阻斷通往理性化的一切可能道路。你在參禪時才說幾句你的看法，就知道你已經捉襟見肘，如此逼拶到山窮水盡之處，正是參禪的起點。無此經驗就無法入道。到此萬緣放下，一念不生，公案的目的就完成一半了。

以約定俗成的觀點來說（我認爲如此一般讀者會比較容易理解禪是什麼），在結構比較完整的意識閥域以外，有一些未知的心靈深處。把它們稱爲「潛意識」或「超意識」都不對。我們用「超越」一詞，只是因爲它方便說明其去向。但是在我們的意識裡，其實並沒有什麼「超越」，也沒有「下面」或「上面」。心識是一個看不見的整體，不能被撕裂。所謂的「未知領域」（terra incognita），只是禪對我們日常語言的讓步，因爲無論哪個已知的意識領域，都充斥著概念的暴力，捨棄它們，絕對是悟道的必要條件，於是禪的心理學家有時候會指出我們心靈裡某個難以接近的領域。儘管除了我們日常的意識以外，並沒有這樣的領域，我們還是會這麼說，以方便去理解。當公案把通往究竟眞理的一切障礙摧陷廓清以後，我們終究會知道並沒什麼「心靈祕境」，也沒有什麼總是顯得窈冥昏默的禪的眞理。

公案既不是謎語也不是什麼詼諧的話。它有個極爲確定的目標，也就是起疑情並且勘它箇水落石出。以邏輯爲基礎的句子，可以根據其合理性去評斷它；只要追溯觀念的本源，任何懷疑或難題都可以迎刃而解。所有河流都會流入大海；但是公案是一堵鐵牆，任何知見都無法穿越過去。當趙州說「庭前柏樹子」或是白隱舉一隻手時，我們無法以任何邏輯的方法去解答它。你覺得你的思考理路突然被打斷了。你感到猶豫、懷疑、困惑且惱怒，不知道如何突破那堵看似完全無法穿越的牆。如此到了極致，如臨大壑，你的整個人格、內在意志、深層的本性，決定要撲破謎團，念念中無我亦無無我、無此亦無彼，一往直前，衝破公案的鐵牆。如是逼拶向公案，終究會意外打開心靈的未知領域。就知性而言，那是超越了邏輯二元論的限制，但是那也是一次重生，是一個內在感官的覺醒，讓我們看見一切諸法的眞實妙用。於是，公案的意義廓然明白，如人飲水，冷暖自知。當然，眼睛在看，耳朵在聽，但是省悟的，卻是整個心靈；它固然也是個知覺活動，卻是最高層次的知覺。禪修的價值就在這裡，它讓人堅定相信的確有超越思考活動的東西存在。

一旦公案的牆被打破，知見的障礙被清除，你便會回到平常結構完整的意識裡。除非一隻手拍另一隻手，否則不會發出聲響。柏樹就挺立在窗前；所有人的鼻子都是垂直的，眼睛則是水平排列的。現在，禪是世界上最平常的東西。以前似乎很遙遠的領域，現在卻發現我們每天就漫遊在其中。當我們走出悟境時，我們又看到熟悉的世界及其合乎邏輯的各種事物和觀念，於是我們說：「這樣很好。」

公案的評唱捻弄是禪學最特殊的地方

在還沒有公案體系的時代裡，禪或許比較自然、純粹，但是只有少數利根者才能體會其精神。如果你在那個時代，當你被人很粗魯地推倒時，你要怎麼辦？如果你被喚作乾屎橛，你會怎麼反應？如果你被吩咐去拿坐具，把坐具呈給師父，卻被師父以坐具打一頓，你要怎麼辦？如果你如鋼鐵般地立志參究禪的深處，並且如堅固大地般地深信禪的「合理性」，那麼你坐禪多年以後，或許可以省悟；但是這種例子在我們現代裡可謂鳳毛麟角；我們俗務纏身，沒辦法自己去走一遍禪的迷宮小徑。在初唐，人們比較單純，信仰也比較堅定，沒有那麼多知見計執。但是這種情況無法持續很久；要維持禪的生命力，必須有某種機權奇巧，好使禪更易於領會，也更大眾化；也因此必須設立公案的提撕以方便後世弟子。禪在本質上絕對無法如淨土眞宗或基督宗教那樣成爲民間宗教，但是它的法脈能夠傳承數百年，我認爲主要歸功於公案體系。禪學發源於中國，但是那裡已經沒有純粹形式的禪；禪宗的法脈也和強調念佛法門的淨土宗融合。在日本，禪仍然雄渾剛健，也可以看到正統的元素；因此我們有理由相信那是由於禪修和參公案的結合。無疑地，這個體系是人爲造作的，而且潛藏著很危險的陷阱，但是如果正當使用的話，禪的生命可以藉由它綿延不斷。對於跟隨著優秀的師父參究公案的弟子們而言，禪的體驗是可能的，開悟也是剋期可待的。

如此，我們可以看到，禪的體驗是可以經由某種實修去理解的。也就是說，參究公案是一個有特定目的的體系。禪不像其他形式的神祕主義那樣，它的體驗並不是完全放任給隨興而至的自然或是反覆無常的運氣。公案的評唱拈弄，可以說是禪學最特殊的地方。它讓習禪者不至於貪求玄妙、耽於禪味，因而使禪修困於枯寂。禪要在生活的行住坐臥裡把握生活；禪並不會截斷生命的流動，然後才去省察它。經常在境緣上提撕公案，可以讓心念專一，在動靜閒忙裡處處用功。開悟是在生活的活動裡覓得，而不是像許多人所想像的那樣壓抑它；禪和一般人理解或練習的「坐禪」其實大異其趣，在探討過公案的性質以後，我們現在可以更了解這點。

早在中國五代時期，也就是西元十世紀，公案便開始體系化，日本德川時期才華橫溢的白隱則讓它更完備。無論人們如何批評公案的濫用，公案畢竟讓日本禪宗不致斷絕。我們再看看中國禪宗的境況，就我們所知，它幾乎是名存實亡了；然後我們再看看日本曹洞宗弟子們的習禪的一般習性。我們不否認曹洞宗有許多優點，也必須仔細研究它們，但是就禪的存續而言，採用公案體系的臨濟宗或許更有活力一點。

或許有人會說：「如果禪眞的如你所說的，遠遠超越知性的理解範圍，那麼它裡頭就不應該有任何體系；事實上它不能有任何體系，因爲『體系』的概念本身就是知性的。爲了完全一致，禪應該是一個單純絕對的體驗，排除任何次第、體系或修行。公案應該是個贅瘤、非必需品，甚至是個矛盾的東西。」理論上，甚至從絕對性的觀點去看，這話是沒錯；因此，當人們「直截了當地」談禪時，是沒有什麼公案的，也不知道有什麼機權回換的說法。就只是一根拄杖、一把扇子或一個字而已！就在你說「它喚作拄杖」或「我聽到一個聲音」或「我看到拳頭」時，禪已經鳥飛無跡了。它猶如閃電，在禪裡頭沒有讓人思考的空間或時間。只當我們談到禪的行解或方便法門時，我們才會說公案或體系。如前所述，我現在這麼說，其實也是一種救濟、辯護、妥協；禪的體系化更是如此。

對於門外漢而言，所謂的「體系化」似乎根本不成體系，因爲裡頭充斥著矛盾，甚至禪師彼此之間也有許多歧異，的確讓人非常爲難。當有人提唱時，另一個人斷然否認，甚至嗤之以鼻，讓外行人一頭霧水，不知道如何解開這些無休止的、無益的葛藤。然而事實上是我們不能從表面去理解禪，諸如體系、合理性、一致性、矛盾或不協調的種種語詞，都只是禪的表面；若要理解禪，我們必須攤開金襴袈裟，檢視它的另一面，爬梳它的經緯。在禪裡頭，我們絕對需要逆轉秩序。

我們舉一個例子，看看不同的禪師如何捻弄公案。宋代有一位偉大的禪師，汾陽善昭禪師，他曾說：「識得拄杖子，一生參學事畢。」❺這個公案似乎夠簡單了。禪師一般會持拄杖，現在是某種宗教權威的記號，但是在古代，其實只是登山涉水用的行腳杖。這個極爲平常的東西，禪師在上堂說法時經常會舉示眾人，它也成了僧人們討論的主題。泐潭懷澄和尚似乎不同意汾陽的說法，他說：「識得拄杖子，入地獄如箭射。」❻如果眞是這樣，誰還敢習禪？但是懷澄和尚眞正的意思是什麼？另一個禪師，破庵和尚，他談到拄杖時就沒有這麼激烈，他很理性而好心腸地說：「識得拄杖。且拈靠壁。」❼這些禪師在說同一個實相，指出同一個眞理嗎？或者他們不僅是在語言上，甚至在實相和眞理上面都彼此衝突呢？我們再看看其他古德如何談那根拄杖吧。

泉州睡龍山和尚有一天上堂舉拄杖說：

「二十年住山，全得者箇氣力。」時有僧問：「和尚得它什麼力？」龍云：「過溪過嶺，東拄西拄。」後招慶聞，云：「我則不恁麼道。」僧云：「和尚作麼生道？」慶將杖下地拄行。❽

破庵則就上述兩個禪師的話評論說：

「睡龍好條拄杖，可惜龍頭蛇尾。更得招慶隨後打摟揪，大似畫虎添斑。當時待他道『和尚得它什麼力』，拈拄杖便擲，管取拏雲攫霧。」❾

現在我要問，爲什麼他們要如此小題大作？如果現代的禪是一個體系，那麼它是什麼樣的體系？它看起來一片混亂，而禪師們的觀點又互相對立。然而就禪的觀點來看，在那一片混亂底下，卻有一條伏流流過，每一位禪師其實都是在彼此印證。表面上的衝突絕對無礙於眞正的印證。如此的互補有無，雖然不合邏輯卻饒富禪趣，我們在其中也看到公案的生命和眞理。一個徒具形式的句子不會有什麼結果。無論是白隱的「一隻手」、趙州的「柏樹子」，或是六祖的「本來面目」[6]，都極爲雄健活潑。只要把握到它的本質，整個宇宙會從被我們以邏輯和分析埋葬了的墳墓裡爬出來。

我再舉幾個例子，以幫助習禪者理解公案的作用。潙山禪師曾派僧人送鏡子給仰山禪師。有一天仰山上堂，舉起鏡子示眾說：

「且道是潙山鏡？東平鏡？若道是東平鏡，又是潙山送來。若道是潙山鏡，又在東平手裡。道得則留取。道不得則撲破去也。」眾無語，師遂撲破。⑩

洞山守初禪師初參雲門文偃禪師時，雲門問他從哪裡來，洞山說：

「查渡。」門（雲門）曰：「夏在甚處？」師（洞山）曰：「湖南報慈。」曰：「幾時離彼？」師曰：「八月二十五。」門曰：「放汝三頓棒。」師至明日，卻上問訊：「昨日蒙和尚放三頓棒，不知過在甚麼處？」門曰：「飯袋子，江西湖南便恁麼去。」⑪

有一天潙山在小睡，仰山來問訊，潙山便迴面向壁，仰山說：

「和尚何得如此？」師（潙山）起曰：「我適來得一夢，你試為我原看。」仰取一盆水與師洗面。少頃，香嚴亦來問訊。師曰：「我適來得一夢，寂子為我原了，汝更與我原看。」嚴乃點一碗茶來。師曰：「二子見解，過於鶖子。」⑫

石霜禪師歸寂以後，眾人請首座繼任住持。九峰道虔禪師對眾人說：

「須明得先師意，始可。」座（首座）曰：「先師有甚麼意？」師（九峰）

曰：「先師道：『休去，歇去，冷湫湫地去，一念萬年去，寒灰枯木去，古廟香爐去，一條白練去。其餘則不。』」問：「如何是一條白練去？」座曰：「這箇祇是明一色邊事。」師曰：「元來未會先師意在。」座曰：「你不肯我，那但裝香來，香煙斷處，若去不得，即不會先師意。」遂焚香，香煙未斷，座已脫去。師拊座背曰：「坐脫立亡，即不無先師意，未夢見在。」⑬

這個例子再次告訴我們，禪完全不同於耽著枯寂。

公案的數目傳統上估計有一千七百則，不過計算方式有點寬鬆。對於行解而言，若要解悟，只要在不到十則、五則、甚至一則公案上面用功就夠了。至於澈底的證悟，則需要萬緣放下，並且深信禪的究竟目的，求解生死之縛。像臨濟宗的弟子那樣只在一切公案上揣度，是不會有什麼結果的。數目的確無關緊要；信心和用功才是必要條件，無此則禪只是泡影。把禪當作思辨和抽象思考的人，永遠也無法入道，只有發長遠心才能夠探測到它。數百則公案也罷，如恆河沙數公案也罷，都不關我們的事。只要能如如平等、諦觀生生不息的宇宙萬象，公案就完成其使命了。

這就是公案體系裡潛藏的危險。人們可能以爲習禪不過如此，而忘記了禪的眞正目的是開展自己的內在生命。許多人墮入這個陷阱，其結果就是禪的衰敗式微。大慧禪師有感於此，於是一把火燒掉他的師父圜悟禪師編集的百則公案。它原本出自雪竇重顯禪師的「百則頌古」，並由圜悟逐一評唱。大慧是眞正的禪子。他知道他的師父評論該選集的用心；他也知道將來它會成爲禪的自我毀滅的武器，於是付之一炬。

然而，這部書終究逃過一劫，成爲我們現在最重要的禪學典籍。的確，它已經成爲權威經典，經常在禪學研究裡被引用以決疑。在日本，這部書稱爲《碧巖錄》，對於門外漢而言，它猶如天書一般；首先，它不是以古文撰寫的，書裡充斥著唐宋時期的白話，這些白話如今也只在雄渾沉鬱的禪學典籍裡才看得到。其次，它的風格非常獨特，而其中的思想和表現方式也很出人意表，那些想要在裡頭看到一般的佛教名相或至少是習慣了的古典文體的人們，總會覺得不知所措。撇開文體上的困難不談，《碧巖錄》自然是充滿禪味的。然而，想要知道禪門弟子如何拈弄公案的人，最好還是看看這部書。

此外也有若干評唱公案的作品多少仿照《碧巖錄》的風格；例如：《從容錄》、《無門關》、《槐安國語》等等。其實，在禪宗語錄或祖師們的生平故事裡，都或多或少會以禪的特有方式提到公案。幾乎每個著名的禪師都會留下語錄，並且構成現在我們看到的禪宗典籍。關於佛教的哲學研究充斥著各種瑣碎繁複的經解注釋，但是禪卻給我們簡單扼要的開示、如警句般的提唱、諷刺性的評論，似乎蓄意和前者唱反調。禪宗典籍的另一個特色，就是偏好詩的形式：以詩偈去評唱公案。其中《碧巖錄》和《從容錄》尤爲經典。前者爲圜悟根據《雪竇百則頌古》編著，後者則是萬松行秀以《宏智百則頌古》爲基礎寫成的，都是以偈頌方式去評論。由於禪比較接近領會感受，而不是知性，所以它很自然地會以詩去表現，而不是以哲學的形式；它對詩的偏愛也就無法避免了。

1：關於本主題更詳盡的討論，見拙著：*Essays in Zen Buddhism, II*。

2：「慧」是我們靈魂生命裡最高的直觀力量，當然絕不只是知見而已。另見拙著：*Essays in Zen Buddhism, III*。

3：四弘誓願：眾生無邊誓願度；煩惱無盡誓願斷；法門無量誓願學；無上佛道誓願成。

4：關於日本的坐禪，見拙著：*Essays in Zen Buddhism, II*, pp.284-7。

5：現在的中國佛教都是禪淨雙修，儘管大部分的寺院都宣稱是屬於禪宗。他們同時誦讀《阿彌陀經》和

《般若心經》。

6：這些都是習禪者首先要參究的公案。

譯注

❶：《釋禪波羅密次第法門》卷第一。

❷：《六祖壇經》卷第一。

❸：佛果克勤禪師語。見《佛果圜悟真覺禪師心要》：「所以修多羅教如標月指，祖師言句是敲門瓦子。」

❹：見《五燈會元》卷第四。

❺：《滁州瑯琊山覺和尚語錄》；另見《汾陽無德禪師語錄》：「上堂，拈起拄杖云：『識得這箇，參學事畢。還識麼？莫道喚甚麼作拄杖。』」

❻：同前揭。

❼：見《破菴祖先禪師語錄》。

❽：見《破菴祖先禪師語錄》；另見《五燈會元》卷第八。

❾：見《破菴祖先禪師語錄》。

❿：見《五燈會元》卷第九。「東平」：仰山當時住在東平。

⓫：見《五燈會元》卷第十五。

⓬：見《指月錄》卷第十二。「原看」：解釋。「鶖子」：舍利佛。

⓭：見《五燈會元》卷第六。「明一色邊事」：說明絕對空。「去不得」：未入滅。「脫去」：入滅。「未夢見在」：沒有夢見先師的意思。

第九章

禪堂和僧侶的生活[1]

An Introduction to Zen Buddhism

禪堂是禪宗僧人修禪辦道的地方。了解禪堂的規式，也就得窺禪門實修實證的面向。它是個很獨特的制度，在日本，大部分的禪宗寺院都奉行它。從禪堂裡的僧侶生活，我們可以聯想到印度僧團的生活。

一日不作，一日不食的生活準則

該體系是由一千年前中國的百丈懷海禪師（720-814）創設的。他留下一句名言並以此作爲他的生活準則：「一日不作，一日不食。」[2]百丈的弟子們不忍年邁的他還在莊田裡工作（出坡是他最喜歡做的事），卻屢次勸不動他，於是把耕具藏起來，百丈卻因而拒絕進食，故有「一日不作，一日不食」之語。[1]禪堂裡的工作，尤其是被認爲低下的事，是僧侶生活的重要元素。其中包含大量的體力勞動，例如掃地、清洗、煮飯、撿柴、耕地或是到遠近村莊沿門托缽。他們認爲工作不會損及其尊嚴，並且在其中培養手足情誼。他們相信勞力工作是神聖的；無論工作多麼辛苦低下，他們絕不推卻，而盡己所能去勞動；因爲他們不是懶漢，像有些比丘或托缽僧一樣，例如在印度。

從心理學去看，這是非常好的事；因爲體力活動是調伏因久坐不起而心識昏沉的最好藥方，昏沉是很常見的禪病。大部分隱修者的麻煩，是他們的身心並不調和；他們身體和心靈總是一分為二；他們以為身體在這裡，心靈在那裡，卻忘了這個分別只是觀念作用，因而是人為施設的。習禪的目的就在於止息這個根本的分別心，很小心避免任何可能偏於一邊的修行。所謂的開悟，其實就在於止歇一切分別妄念，但是它絕對不是空的狀態。心的疲怠經常是耽著靜境的結果，我們也會看到，那絕對無益於開悟。精進禪修的人自然要避免心識困於枯寂。這也是為什麼禪門弟子反對終日坐禪。身體忙起來，也會讓心忙起來，並因而活潑、健康、清醒。

真理必須以生活經驗為基礎

在道德上，身體力行可以印證觀念的正當性。在禪裡頭尤其如此，無法有效反映在實證上的抽象觀念，被認為是沒有價值的。信念是得自體驗而非抽象思考。道德主張應該總是高於知性判斷；也就是說，眞理必須以生活經驗為基礎。禪門弟子說，枯坐冥想不是他們要做的事。當然，他們也會靜坐禪修；但是前提是他們必須把工作裡學到的東西融會貫通。但是正如他們反對終日「反覆咀嚼」，他們會把在靜坐裡的反省付諸行動，在現實環境裡驗證它們的有效性。我深信如果禪宗寺院沒有以工作當作其信念，讓僧侶的血液保持循環，那麼習禪就會落入耽空滯寂的體系，而中國和日本的古德們辛苦積累的寶藏，也就成了一堆腐敗的廢物。

禪堂是根據僧眾多寡而大小不一的方形房舍。以鎌倉的圓覺寺來說，約莫為寬三十五英尺、長六十五英尺，可容納三、四十名僧侶。每個僧人分配到約一個蓆大的寮房，可以打坐、睡覺。每個人的被褥不超過寬五英尺、長六英尺，無論冬夏皆然。他們沒有制式的枕頭，總是以隨身的東西將就著使用。不過他們隨身的東西也非常少：包括袈裟、海青、幾本書、剃刀、鉢，全部裝在一個長十三英寸、寬十英寸、高三·五英寸的漆器箱子（行笈）裡。在行腳時，以寬帶子把漆器箱子掛在脖子上，懸掛在胸前。他的所有家當就這樣隨身帶著走。「一衣一鉢，樹下石上」生動地描繪印度的比丘生活。相較於此，現代的禪僧的生活可以說充裕得多。儘管如此，他們的需要仍然降到最低，每個人都得過著最簡樸的生活。佛教認為佔有欲是凡夫容易執著的貪念當中最不好的。世界裡有太多的煩惱是因為貪求無饜。人們貪求權力，就會有強凌弱，眾暴寡；人們垂涎財富，有錢人和窮人便總是爭執不休，彼此對立；除非完全捨棄佔有和控制的欲望，否則國際戰爭就會持續蔓延，社會動亂不斷升高。我們不能如遠古時代那樣以不同的基礎去重建社會嗎？我們不能停止那僅僅為了個人或國家的擴張而貪求的財富聚斂和權力累積嗎？佛教僧侶對於世間法的非理性感到很失望，於是走到另一個極端，就連生活裡合理且完全無害的喜悅都要捨棄掉。然而，禪宗把僧侶的家當裝到一個小箱子裡的理想，只是對於現存的社會制度的無聲抗議，雖然不是很有效果。

印度的比丘是過午不食的，他們一日一食；在英美世界的人們眼裡，他們的早餐根本不算是早餐。禪僧本來不應吃晚餐，但是由於氣候寒冷，他們好歹得吃一點，但是為了減輕心裡的不安，於是稱之為「藥石」。他們在大清早天亮以前就吃早餐，內容是稀飯和醬菜。主餐在上午十點，內容有米飯（或是摻大麥）、蔬菜湯和醃菜。到了下午四點，他們就吃剩菜剩飯，不再特別煮什麼東西。除非出外做客，或是接受供養，他們的餐點大致如上所述，年復一年。守貧和簡樸是他們的規定。

然而我們不能就此推論說苦行是禪僧的生活理想；就禪的究竟旨趣而言，它既不是禁欲主義，也不屬於任何其他的道德體系。如果說它似乎在擁護壓抑或厭離的教法，那只是表相而已，因為禪宗畢竟是佛教一脈，多少有一點印度苦行主義的傾向。但是僧侶生活的核心觀念，不是浪費而是善用身邊的事物，那也是處處可見的佛教精神。其實，知性、想像和其他心識作用，以及我們周遭的事物，包括我們的身體，都是要用來開展並增長我們自身擁有的最高貴的能力，而不只是滿足個人的衝動和欲望，那些欲望當然也會牴觸甚至侵犯到其他人的利益和權利。這些是在僧侶生活的簡樸和守貧底下的內在理念。

禪的基本原理就是「做中學」

過堂時會敲雲板，僧侶魚貫走出禪堂，帶著自己的缽具到齋堂去，但是要等到維那師打魚梆以後，才可以坐下來。每個人執持的食器多爲木製或紙製的漆器。其數通常爲四只或五只，並且可以套疊收納。誦讀《心經》並「食存五觀」❷以後，負責大眾用齋的「行堂」僧人就會盛飯盛湯。現在他們準備舉箸了，但是在他們享用奢侈的晚餐前，他們要觀想諸寒林餓鬼，自缽裡盛七粒米飯，撒給諸鬼眾生（稱爲「出飯或生飯」）。用餐時要寂靜，輕取食具，不可以出聲，也不可以講話談天，想要什麼東西，則以合十摩掌示意。過堂對他們而言是非常嚴肅的事。想要添飯時，僧人合掌向前伸❸，行堂注意到了，就提飯桶來添飯，僧人則拿起缽，輕輕摩娑缽底，拭去塵埃，以免弄髒行堂的手。盛好飯時，僧人繼續合十；摩掌則意味缽裡的飯和湯已經夠了。

按規定，每個僧人都必須吃完盛給他的飯菜，「把剩下的零碎收拾起來，免得有糟蹋的」❹；因爲這是他們的宗教。添過三次到四次飯以後，就差不多用完齋了。維那敲雲板，行堂僧送熱水來；每個僧人都用最大的碗盛水，用以洗淨其他的碗，以隨身攜帶的手巾拭乾。然後行堂提木桶把汙水收回；每個僧人疊好他們的食具，把它們裹好；現在桌子乾淨如前，除了用齋前施食諸鬼眾生的飯粒以外。接著再次打雲板，僧侶們如進堂一般的靜默魚貫出堂。

僧侶的勤奮是眾所周知的。如果當天不是要在禪堂參禪，他們通常要「出坡」，一般在早飯後，在夏天約在五點半，冬天則是六點半，到禪寺的莊田去耕作。其中有些僧人也會到鄰近的村落去乞食。他們把禪寺裡裡外外打掃得整齊乾淨。當我們說「這就像禪寺一般」時，就意味著那裡是個非常清淨的地方。通常每一座禪堂附近都有些施主，他們會固定去乞討米飯蔬菜。乞食時，他們總得走好幾里路；人們經常會看到他們在鄉間小路拉著拖車，上面滿載著南瓜、馬鈴薯或白蘿蔔。他們有時候會到林子裡去撿柴火。他們也懂得修葺房舍。因爲他們得自給自足，他們必須身兼農夫、工匠和僕役；他們必須在師傅的指導下自己蓋禪堂或其他房舍。他們的勞作可不是敷衍了事的；他們和一般的工匠一樣認眞工作，或許更認眞，因爲勞作就是他們的宗教。

僧侶們是個自治的團體；他們有自己的廚子（飯頭）、自己的訓導長（維那）、經理（監院）、僕人（侍者）、司儀（知客）等等。儘管住持和尚是禪堂的靈魂，他卻不直接管理寺務，而交給叢林裡的執事去處理，他們的資格都是經過多年修行驗證過的。在談論禪的原理時，我們或許會驚豔於他們深刻細膩的「形上學」，並且想像這些和尚大概是一群孜孜矻矻、面無血色、眼睛低垂，而且遺世獨立的傢伙吧；但是在現實生活裡，他們卻是多能鄙事的平常人。他們開朗活潑、喜好詼諧、樂於助人，而且絕不推辭許多文明人認爲卑下的工作。百丈的精神就體現在這裡。僧侶的各種能力都得到全面性的開展。他們沒有正式的或語文的教育，那種教育多半來自書本或抽象思考的教學；但是他們得到的卻是實證和各種才能；因爲禪的基本原理就是「做中學」。他們瞧不起柔性教育，認爲那種教育只是給預後病患的營養配方。當母獅子生下小獅子，我們一般相信三天後她會把他叼到懸崖上，看看他是否能夠爬回來。沒有通過考驗的，就不再被關注。無論是眞是假，禪師們的想法大概類似於此，他們經常

第九章　禪堂和僧侶的生活

對他們的弟子不假辭色。僧侶經常吃不飽、穿不暖、睡眠也不夠，尤其甚者，他們有做不完的工作，無論是勞心或勞力的。這些外在需要和內心的渴望，一起垂手鍛鍊僧侶的性格，最後成就了一種叫作「羽翼豐滿的禪師」的新人類。這個獨特的教育體系在臨濟宗裡古風猶存，但是俗家眾並不很熟悉，雖然現在有許多資訊可以讓他們知道禪堂的生活。但現代重商主義和機械化的無情潮流蔓延整個東方世界，幾乎沒有什麼地方可以避靜修行的，沒有多久，連「禪」這座孤島可能也會被畀鄙貪婪的物質主義給淹沒。就連僧侶自己也開始誤解古德們的精神。儘管我們不能否認叢林的教育仍有改善的空間，但是如果禪要能夠永久流傳，它對於生活的宗教性的、虔敬的精神，就應該好好保存下來。

理論上，禪涵攝整個宇宙而且不受限於對立性的法則。然而這是個非常難以捉摸的地方，很多人都無法順利走過去；就他們跌倒的地方，有很可怕的陷阱。正如某些中世紀的神祕主義者，習禪者也開始蕩檢踰閑、放浪形骸；歷史本身就是個見證，而心理學則可以解釋整個墮落的歷程。有一位禪師曾說：「向上一路，直踏毘盧頂上行；向下會取，只在兒孫脚底事。」禪的生活規定非常講究，所有細節都必須遵守以上的精神。這使得禪不致落入中世紀神祕主義者的窠臼，這也就是為什麼禪堂在禪的教學裡如此重要。

唐代的丹霞天然禪師有一次路過京城的慧林寺：

遇天大寒，取木佛燒火向。院主訶曰：「何得燒我木佛？」師（丹霞）以杖子撥灰曰：「吾燒取舍利。」[3]主曰：「木佛何有舍利？」師曰：「既無舍利，更取兩尊燒。」主自後眉鬚墮落。❺

不過佛陀似乎沒有降怒於丹霞。

儘管我很懷疑它的歷史眞實性，但是這個故事卻膾炙人口，也沒有人懷疑這個褻瀆佛陀的丹霞的精神成就。後來有一位僧人問天竺子儀禪師說：

「丹霞燒木佛，意旨如何？」師（天竺）曰：「寒即圍爐向猛火。」曰：「還有過也無？」師曰：「熱即竹林溪畔坐。」❻

無論我們如何從禪的純粹觀點去論斷丹霞的行為，那無疑被認為是非常不敬的，正信的佛教徒也不應為之。那些沒有完成悟道的人，或許會以禪為名恣意妄為，甚至違法犯禁；因此，禪堂的規定非常嚴格，務使調伏我慢，信守忍辱行。

明代的雲棲袾宏大師著書討論比丘的十種善行，有個自以爲是的僧人問他：

「吾法一塵不立，十行何施？」

予（雲棲）曰：「五蘊紛紜，四大叢沓，何謂無塵？」

僧云：「四大本空，五蘊非有。」

予與一掌曰：「學語之流，如麻似粟。未在，更道！」

僧無對，色然而起。

予笑曰：「蔽面塵埃，子何不拭？」[7]

頓悟的力量

在習禪當中，頓悟的力量總是得自對於忍辱心和隨順心的甚深思惟。

在禪堂的生活裡，有一個時期是特別安排給僧侶修心，除非絕對必要，否則他們不必受勞務的干擾。該時期稱爲「接心」。每年都會舉行若干次，每次爲期七日，分別在兩個季節期間裡，一爲「雨安居」，一爲「雪安居」。一般來說，雨安居是從四月到八月，雪安居則是從十月到二月。所謂「接心」，就是「攝心不亂」。接心期間，僧侶都只能待在禪堂裡，比平常早起，而且一直打坐到深夜。每天會有「上堂」開示。教材則可以是任何禪宗典籍，例如《碧巖錄》、《臨濟錄》、《無門關》、《虛堂和尚語錄》、《槐安國語》。《臨濟錄》是記錄臨濟宗祖師臨濟義玄言行的語錄。《碧巖錄》，如前所述，則是百則公案的評唱；《無門關》也是公案選集，共四十八則，包含禪宗特有的評論，也比《碧巖錄》簡單扼要許多。《虛堂和尚語錄》收錄宋代虛堂和尚的語錄、開示、偈頌和其他作品。他是大應國師的師父，他的法脈在日本仍然很興盛。《槐安國語》是白隱的作品，記錄大燈國師❽的開示以及評論古德的偈頌。對於一般讀者而言，這些書有點像是「以晦澀的語言解釋難懂的問題」（obscurum per obscurius）。除非僧人見性，否則聽了一連串的開示，或許像以前一樣，仍然如墮五里霧中。如此的莫測高深，並不一定是因為典籍的晦澀難解，而是因為聽眾的心仍然被計執分別的意識硬殼裹住。

在「接心」期間，除了開示以外，僧侶們還得「參禪」。所謂「參禪」，是面見師父，提呈他們對於公案的見解，讓師父評定。在「大接心」以外的日子裡，一日或許會「參禪」兩次，在大接心期間（結制），則每日要入室四、五回。面見師父不是公開舉行的活動，僧人必須個別到師父的方丈裡去，並且以最正式且莊嚴的方式對話。僧人在入室前必須三頂禮，到了室內，則合十胸前，到了師父跟前，再頂禮一次。禮拜完畢以後，就不必再管什麼世間法；如果從禪的觀點有需要的話，掌摑相向也無妨。誠心開顯禪的眞相，是唯一關心的事；其他事情都是次要的。呈示見解以後，僧人和入室時一樣行禮退出。這個功課對禪師而言也是極大的考驗，因爲每次三十個僧人的「參禪」都要花一個半鐘頭左右，而且要全神貫注。

僧人對於師父的見地要有絕對的信心，但是如果僧人自認有理由懷疑師父的能力，也可以在獨參時和師父分個高下。因此，無論是對於師父或僧人，呈示見解絕不是無聊的把戲。的確，那是極爲嚴肅的事，正因爲如此，這種禪修也就有極大的倫理價值。爲了說明這點，我們且以白隱（現代日本臨濟宗的創立者）的一則軼事爲例。

在一個夏天傍晚，白隱去面見他的師父正受老人要呈見解，師父正在玄關乘涼，很粗魯地說：「胡說！」白隱不甘示弱，大聲回嘴說：「胡說！」於是師父抓住他，拽他的耳朵，把他推出玄關。當時下著雨，可憐的白隱昏倒在泥濘的水灘上，當他醒了過來，回到玄關向正受老人稽首，老人說：「這鬼窟裡死禪和子！」

又有一天，白隱認爲師父不明白他的悟境深淺，很想和師父法戰一番。當白隱入老人之室，決心拿出本事和師父一較高下，絕不讓步。老人氣壞了，抓住他掌摑幾下，又把他推出玄關外。他跌到數尺外的石牆腳下，幾乎不省人事。老人低頭看著他開懷大笑；這時白隱恢復意識，他滿身大汗地回到老人跟前，但是老人不放過他，仍然像以前一樣罵他說：「這鬼窟裡死禪和子！」

白隱萬念俱灰，想要離開這個老和尚，有一天他到村裡頭乞食，一個小插曲 ❾ 讓他頓然省悟以前不曾見的道。他喜不自勝，得意洋洋地回到師父那裡。他還沒踏進前門，老人就知道他有所變化，於是向他招手說：「今天有什麼好消息嗎？快快進來！」白隱告訴老人當天發生的事，老人便輕拍他的背說：「現在你會得了，你終於會得了！」自此以後，老人就不再訶斥他。

這就是日本現代禪宗的祖師所經歷的訓練。正受老人把他狠狠推到石牆腳下，這不是很粗魯嗎？但是白隱在這麼多辛苦難堪以後破繭而出時，他又是多麼的慈祥！的確，在禪裡頭做工夫不可以不冷不熱，將心待悟。不冷不熱就不是禪了。它要我們澈照自性，但是除非放下知見妄念的葛藤，回到赤裸裸的自己，否則是無法領悟的。正受老人的每一次掌摑，都在褪除白隱的妄想和虛僞。的確，我們都活在妄想和虛僞的外衣裡頭，而看不見我們內心深處的自性。爲了讓學生悟道見性，禪師經常使用看似很不人道的手段，的確，完全說不上是慈悲心腸。

在禪堂的生活裡，沒有像學校教育那樣有固定的畢業時間。有些人待了二十年仍然畢不了業，但是以一般的根器，加上發長遠心，不放逸懈怠，約莫十年的光陰，習禪者應該可以一窺禪門宗風的堂奧。然而，在生活的每個彈指間去做工作，也就是完全融入禪的精神，卻是另一回事。一輩子的時間恐怕也不夠；經裡說，就連釋迦牟尼和彌勒菩薩都還在自修呢。

除了解悟，還要經歷「長養聖胎」的時期

要成爲合格的禪師，僅僅解悟是不夠的。他必須經歷一段所謂「長養聖胎」的時期，這個詞源自道教，但是在現在的禪學裡，則意指解行相應。在合格的禪師指導下，一個僧人或許可以完全把握到禪的奧祕，但是那至多只是知見上的解悟。僧人仍然要在生活裡就一切境緣以所悟之理去實修實證。因此，自我訓練是絕對必要的，因爲在禪堂習得的，都只是以手指月，終究還得要他努力向它走去。但是如此他就不一定要待在禪堂裡；相反的，他的解悟必須放在世間生活裡去驗證。而「長養」的工夫

並沒有固定的規則。每個人必須就觸境逢緣自行調適；他或許會隱居山林，或是在市廛裡隨順一切世間法。據說六祖向五祖辭別以後，和山裡的獵人隊共處了十五年⑩。在他下山聽印宗法師講經時，他還是沒沒無聞。而慧忠國師在南陽四十年，不曾到城裡去。但是他的清淨梵行卻遠近馳名，由於皇帝下詔延請，他才離開草廬⑪。潙山則隱居山裡七年，以橡栗充飢，和猿猱爲伍。然而，山下村民知道了他，便在他草庵旁興建梵宇，此後禪風大盛，僧眾有一千五百人⑫。京都妙心寺的開山祖師關山慧玄禪師（1277-1360），以前在美濃伊吹山結庵修行多年，和村民一起務農，沒有人認識他，後來因爲一個插曲而被發現身分，朝廷便詔請關山任妙心寺第一任開山。⑬白隱早年曾在駿河一座破落的古寺擔任住持，那座寺廟是他在世上唯一的財產。我們可以從以下的文字想像它荒廢的景象：「這裡可以說沒有屋頂，夜裡星光灑進來，也沒有像樣的地板。下雨的時候，如果要到大殿，必須著雨帽和高跟木屐。所有廟產都在債主手裡，僧物也都質押給商人……。」

在禪宗的故事裡，可以看到許多偉大禪師隱居一段時間後再回到世間的例子，他們不是要苦行，而是要「長養」自己的德行善根。玄關外有許多蛇蠍窺伺，如果不踩死牠們，牠們就會再度抬頭，夢想中的整個道德架構就會毀於一旦。對於禪門弟子而言，反律法主義（Antinomianism）也是個危險的陷阱，必須時時警惕。

當然，從某個方面來說，在禪堂裡盛行的叢林教育，已經不合時宜了；但是其宗旨，例如簡樸的生活、節制欲望、珍惜光陰、自給自足，以及他們所謂的「陰德」，都是放諸四海皆準的。尤其是「陰德」的概念，更是禪門修行的特色。它意味著不浪費自然資源，無論在經濟或道德上，珍惜眼前的一切，對自己和世界都心存感恩和尊敬，它也意味著「為善不欲人知」。一個孩子溺水，我跳下去救他，而孩子也獲救了。所作已辦，我就這樣離開，絕不回頭看，再也不去想它，猶如白雲飄過，碧空廓然依舊。禪宗稱為「無功用行」，並且以「擔雪填井」比喻之。⓮

耶穌說：「你施捨的時候，不要叫左手知道右手所作的。要叫你施捨的事行在暗中。」⓯這就是佛教所謂的「陰德」。但是當他繼續說「你父在暗中察看，必然報答你」的時候，我們就看到佛教和基督宗教之間的深層差異。無論心裡想著任何人，管它是上帝或魔鬼，知道我們的行為而且會回報我們，這時候禪就會說「汝非我輩，不與我同類」。由這種念頭產生的行為，會留下「蹤跡」和「影子」。如果有鬼神追蹤你的行為，他隨時會抓住你，要你解釋它；禪則不會如此。猶如天衣，裡外皆無縫；

那是完美的作品，沒有人知道哪裡是線頭。在禪裡頭，行善以後絕對不會有任何憍慢或自誇的蹤跡，更不會去想什麼賞報，即使是上帝的也一樣。

列子曾經生動地描繪這種境界：

橫心之所念，橫口之所言，亦不知我之是非利害歟，亦不知彼之是非利害歟；亦不知夫子之為我師，若人之為我友：內外進矣。而後眼如耳，耳如鼻，鼻如口，無不同也。心凝形釋，骨肉都融；不覺形之所倚，足之所履，隨風東西，猶木葉幹殼。竟不知風乘我邪？我乘風乎？[16]

德國神祕主義者把這種德行稱爲「神貧」，陶勒（Tauler）[17]定義說：「當無論有誰受惠於你或虧欠你的，你都把它忘記，那麼你就擁有絕對的貧窮；正如在死亡的最後旅程裡，你會忘記一切。」

在基督宗教裡，我們似乎太在意上帝了，儘管我們說我們在他內裡居住行走，並且擁有我們的存有。禪要把這最後一點「上帝意識」都給抹去。這就是爲什麼趙州禪師說：「有佛處不得住，無佛處急走過。」[18]禪堂裡對僧侶的所有訓練，無論是實證或理論的，都是奠基於這個「無功用行」的原則。雲峰志璿禪師以詩偈描繪如下：

竹影掃階塵不動，月穿潭底水無痕。[19]

總而言之，禪非常重視個人體驗；如果有什麼東西可以稱爲「極端的經驗主義」的[20]，那非禪莫屬。無論看經說教，或是靜坐觀想，都無法造就一個禪師。生命必須在它的流動當中去體會；爲了審視或分析它而阻斷它，無異殺了它而抱著冰冷的死屍不放。因此，禪堂的一切事務，以及修行功課的每個細節，在在都是要突顯這個理念。在整個東亞佛教史裡，禪宗能在中國和日本的所有佛教諸宗裡佔有獨特的地位，無疑要歸功於「禪堂」的制度。

1：關於本題旨更詳盡的探討，見拙著：*The Training of the Zen Buddhist Monk*：*Essays in Zen Buddhism, I*, p. 299 et seq。

2：比較《聖經》〈詩篇〉128:2：「你要喫勞碌得來的。你要享福，事情順利。」

3：舍利（sarira）意譯爲「所依之身體」，但是在佛教裡，則是屍體荼毘後留下來的礦物質。佛教徒認爲這種遺物的價值和聖者的成就相應。

譯注

❶：見《五燈會元》卷第三：「師凡作務執勞，必先於眾，主者不忍，密收作具而請息之。師曰：『吾無德，爭合勞於人？』既遍求作具不獲，而亦忘餐。故有『一日不作，一日不食』之語流播寰宇矣。」

❷：「五觀」：計功多少，量彼來處；忖己德行，全缺應供；防心離過，貪等為宗；正事良藥，為療形枯；為成道業，應受此食。

❸：或將碗往前推。

❹：《聖經》〈約翰福音〉6:12。

❺：見《五燈會元》卷第五。

❻：見《五燈會元》卷第八。

❼：見《緇門崇行錄》序下。

❽：即宗峰妙超（1282-1336），為日本南北朝時代南朝國師，與北朝夢窗齊名。

❾：他在沿門托缽時，被一個老婆婆莫名其妙地痛打一頓，遽然省悟。

❿：見《六祖壇經．行由品第一》。

⓫：見《五燈會元》卷第二：「自受心印，居南陽白崖山黨子谷，四十餘祀不下山。道行聞于帝里，唐肅宗上元二年，敕中使孫朝進齎詔徵赴京，待以師禮，初居千福寺西禪院。及代宗臨御，復迎止光宅精藍十有六載，隨機說法。」

⓬：見《五燈會元》卷第九：「是山峭絕，夐無人煙，猿猱為伍，橡栗充食，經于五七載，絕無來者。」

⓭：見梁曉虹《日本禪》。

⓮：見《五燈會元》卷第十二：「大似擔雪填井，傍若無人。」

⑮：《聖經》〈馬太福音〉6:4。

⑯：《列子・黃帝篇》。「夫子」：指老商氏；「若人」：指伯高子。

⑰：陶勒（Johannes Tauler, 1300-1361），德國神祕主義神學家，受艾克哈特大師（Meister Eckhart）影響甚深。

⑱：見《五燈會元》卷第四。

⑲：見《五燈會元》卷第十六。

⑳：極端的經驗主義（radical empiricism），為實用主義者詹姆士（William James）所提出的學說。

世界禪者——鈴木大拙年表

一八七〇年（明治三年）

十月十八日出生於日本石川縣金澤市下本多町，被命名為：鈴木貞太郎。其父親為鈴木良準，母親名為鈴木增，夫妻育有四子一女，貞太郎排行最小。鈴木家是一個傳統的佛教家庭，父母信奉臨濟宗。世代行醫，祖先歷任加賀藩家「本多家」的侍醫。在當時，醫師家族屬於高級知識分子，其父曾在京都研究「蘭醫」（日本西醫因為由荷蘭傳入，因此稱西方醫學為蘭醫），是一位學兼內外的儒者，因此鈴木貞太郎從小耳濡目染，在中西方文學與人文素養方面皆奠定良好的基礎。

一八七六年（明治九年）

四月，進入金澤市本多町小學就學。十一月十六日，其父鈴木良準逝世，享年五十四歲。

世界禪者——鈴木大拙年表

一八七七年（明治十年）

六月二日，其兄利太郎過世，得年十一歲。

一八八二年（明治十五年）

本多町小學肄業，進入數田順私塾讀書，同年四月，考進石川縣專科學校附屬初等中學就讀。

一八八三年（明治十六年）

由於自幼家學淵源，在初中更培養了良好的英文能力與文學素養，當時與同儕藤岡作太郎、西田幾多郎號稱：「金澤三太郎」。

一八八五年（明治十八年）

鈴木貞太郎與藤岡作太郎、福島淳吉等人發行《明治餘滴》雜誌，擔任編輯工作，並且常以「任天居士」、「傑峰山人」等筆名發表論文與漢詩，充分展現其文學能力。

一八八七年（明治二十年）

石川縣專科學校附屬初等中學畢業，同年因學制改革，石川縣專科學校改爲第四高等中學校，九月鈴木貞太郎被編入同校預科三年級。

一八八八年（明治二十一年）

九月，就讀第四高等中學校本科一年級，然因家境貧苦而輟學。任石川縣珠洲郡飯田小學高等科英語代課老師。

一八八九年（明治二十二年）

鈴木貞太郎取得了小學英文教師文憑，並於五月，被任命於石川縣石川郡美川小學高等科訓導職務。

一八九〇年（明治二十三年）

四月八日，其母鈴木增因肺炎不治而病逝，享年六十一歲。當時二十歲的貞太郎賃居於眞言宗德證寺，對禪開始感到興趣，眞正開始與淨土宗大谷派結緣，也曾隨富山縣國泰寺雪門禪師參禪。

一八九一年（明治二十四年）

因爲二兄亨太郎的援助，辭去美川小學訓導職務，前往東京，順利進入東京專門學校（早稻田大學前身）修習英文，結識同鄉安宅彌吉。

七月隨同鄉前輩早川千吉郎的引領，初次進入鎌倉圓覺寺參謁今北洪川禪師，禪師至誠無僞的氣度，令鈴木貞太郎深受感動，因此立下「以禪者爲己任」的心願，此後專心致力於禪的修行。

一八九二年（明治二十五年）

一月，今北洪川禪師圓寂，享年七十七歲。四月，嗣法弟子釋宗演繼任圓覺寺住持，續拜釋宗演爲師繼續參禪，宗演禪師賜予「大拙」之名。

同年九月，因好友西田幾多郎的推薦，進入東京帝國大學哲學選科研讀（直至一八九四年結業）。自此三年來，一方面研究西方哲學思想，並廣泛涉獵相關禪與佛學的書籍；另一方面往來圓覺寺，過著僧侶般的生活，逐漸養成禪者的風範。

一八九三年（明治二十六年）

釋宗演禪師代表日本受邀出席在芝加哥舉行的萬國宗教會議，鈴木大拙任隨行翻譯。

一八九五年（明治二十八年）

鈴木大拙將保羅・卡魯斯（Paul Carus）的英文著作《佛陀的福音》（*The Gospel of Buddha*）譯成日文，於東京出版。

東京帝國大學文科大學輟學，專心參禪、坐禪，二十五歲的鈴木大拙於明治二十八年臘月攝心時，悟到「物我合一」的無差別境界，參透了初關「最初的公案」，這是參禪五年來的成果。

一八九六年（明治二十九年）

鈴木大拙因隨宗演禪師訪美經驗的啓發，撰寫並且出版生平第一本著作《新宗教論》。

一八九七年（明治三十年）

三月赴美，經釋宗演禪師推薦，鈴木大拙前往美國伊利諾州拉薩爾市的奧本考特（Open Court）出版社擔任編輯工作，並且協助保羅・卡魯斯有關東洋學的論說、批評與校正的工作，並將老子的《道德經》及其他道教經典譯成英文。直至西元一九〇八年，鈴木大拙在伊利諾州的拉薩爾市待了將近十一年的時間。

一九〇〇年（明治三十三年）

英譯《大乘起信論》的出版，引起學界注目。

一九〇五年（明治三十八年）

鎌倉圓覺寺譯宗演禪師再度訪美，隨同禪師巡迴美國演講擔任翻譯工作，向西方人士介紹東方的禪學思想。爾後編輯禪師的演講，隔年出版《一個佛教老禪師的講錄》（*The Sermons of a Buddhist Abbot*）。

一九〇六年（明治三十九年）

相識比特蕾絲．雷恩小姐。與保羅．卡魯斯共同英譯《太上感應篇》、《陰騭文》。同年日譯保羅．卡魯斯的《阿彌陀佛》（*Amitabha*）對眞宗信仰有深入研究，因此晚年對於「妙好人」（指念佛行者）有崇高的信仰，在其後來著作《宗教經驗之事實》、《妙好人》與《妙好人淺原才市集》均論述到眞宗信仰。

一九〇七年（明治四十年）

出版英文版《大乘佛教概論》（*Outlines of Mahayana Buddhism*），本書奠定了鈴木大拙佛教學者的地位，至今再版不斷。在緬因州舉行關於佛教的演講。在「一元論者」雜誌撰寫一系列有關中國古代歷史的論文。

一九〇八年（明治四十一年）

二月，在奧本考特出版社社長格勒的贊助支持下，前往歐洲遊歷英、法、德等國。七月，身爲日本代表出席在倫敦舉行的斯維登堡大會創立百年紀念，後來接受英國斯維登堡協會之邀請，將艾曼紐・斯維登堡（Swedenborg, Emanuel，十八世紀瑞典的基督教神祕主義研究者，並且是一位科學家、哲學家與宗教思想家集於一身的大師級人物，諸多理論影響後世甚深。）的《天堂與地獄》（*Heaven and Hell*）翻譯成日文版，鈴木大拙花了兩個月的時間完成譯作。九月，在牛津召開的萬國宗教史學會上被選爲東洋部副會長。

一九〇九年（明治四十二年）：三十九歲

四月，闊別多年首度返日。八月，好友藤岡作太郎、吉田好久郎的推薦，擔任學習院英文講師。十月，兼任東京帝國大學英文講師。

一九一〇年（明治四十三年）

四月，獲聘爲學習院教授（直到一九二一年）。八月，由日本禪道會發行的《禪道》雜誌創刊，釋宗演禪師爲該會會長，鈴木大拙擔任幹事並且爲《禪道》雜誌擔任編輯工作。爲了向日本介紹瑞典國寶級大師的神學思想，因此出版《天堂與地獄》，同年，英譯《眞宗教義》一書。

一九一一年（明治四十四年）

撰寫有關淨土宗的教理論文「自力與他力」。十二月，不惑之年的鈴木大拙在橫濱與比特蕾絲・雷恩小姐結婚，夫人出身於美國外交官家庭，兩人在美國已認識多年。

一九一二年（明治四十五年、大正元年）

再次應斯維登堡協會邀請前往英國，其間日譯《神愛與神智》（*The Divine Love and the Divine Wisdom*）、《新耶路撒冷》（*The New Jerusalem*）、《神意論》（*The Divine Providence*），至八月返回日本。

一九一三年（大正二年）

出版《禪學大要》等書。

一九一四年（大正三年）

開始爲英國出版的《新東方》雜誌撰寫一系列以禪學爲主的論文連載。出版《禪的第一義》。

一九一五年（大正四年）

出版《上進的鐵鎚》一書。

一九一六年（大正五年）

擔任學習院的舍監，七月中旬帶領學習院學生前往中國、朝鮮爲期一個月的旅行。八月隨釋宗演禪師赴日本東北地區旅行。九月決定辭去東京帝國大學的教職工作，專心致力於禪學典籍的著述，出版《關於宗教經驗》、《禪的研究》、《眾禪的觀點》。

一九一九年（大正八年）

十一月，釋宗演禪師圓寂，享年六十歲。

一九二一年（大正十年）

三月，辭退學習院教職，由佐佐木月樵、西田幾多郎的推薦之下，移居京都，擔任京都大谷大學教授（直至一九六〇年爲止）。與佐佐木月樵一起從事眞宗教義的英譯工作，亦發專研於佛教學問的研究。大拙的夫人也在大谷大學擔任預科教授，夫妻協力於同年五月，在大谷大學校內成立東方佛教徒協會，並且創辦英文佛教雜誌《東方佛教徒》（*The Eastern Buddhist*）季刊，夫妻共同編輯以發表佛教論文爲主，此雜誌刊行持續二十年之久。

一九二四年（大正十三年）

六月，泰戈爾訪日，泰戈爾在京都各地的演講由鈴木大拙擔任翻譯。

一九二五年（大正十四年）

出版《百醜千拙》。

一九二六年（大正十五年、昭和元年）

三月，好友佐佐木月樵去世，得年五十一歲。六月，擔任大谷大學哲學科研究室主任，講授宗教學，其後又開「宗教心理學看禪與淨土教」的課程。

一九二七年（昭和二年）

出版以英文書寫的《禪學隨筆》（*Studies in Zen*）、《禪論文集第一卷》（*Essays in Zen Buddhism Vol.1*），此後陸續出版以英文本爲主的禪學書籍。

一九二八年（昭和三年）

擔任靈智學會京都大乘支部負責人。

一九二九年（昭和四年）

六月，與夫人一起在鎌倉設立動物愛護慈悲園。

一九三〇年（昭和五年）

與泉芳璟共同進行梵文《楞伽經》的研究，同年出版《什麼是禪》，並以英文本發表《楞伽經研究》（*Studies in the Lankavatara Sutra*）。

一九三二年（昭和七年）

出版《神會錄》、《禪的精粹》、《六祖壇經》（興正寺版），以及英譯梵文《楞伽經》（*The Lankavatara Sutra*）。

一九三三年（昭和八年）

《楞伽經研究》一書所做的貢獻，使得鈴木大拙獲得大谷大學榮譽文學博士學位。十一月，在橫濱迎接胡適，雙方會晤多時，同年出版英文本《禪論集第二卷》、《楞伽經引用句索引》（*Index Verborum to the Lankavatara Sutra*）。

一九三四年（昭和九年）

前往中國、朝鮮等地進行佛教實地考察，並與中國名人、僧侶，如：魯迅、胡適、蔣夢麟（北大校長）、昌桂（峨嵋山寺住持）等數十位見面會談，並記述此行訪華的印象與感想，於八月完成《支那佛教印象記》於隔年出版，是年英文本《禪論集第三卷》、《禪僧的修行》（*The Training of the Zen Buddhist Monk*）、《楞伽經引用句索引增訂版》（*Index Verborum to the Lankavatara Sutra*）、《鈴木大拙禪學入門》（*An Introduction to Zen Buddhism*）出版。

一九三五年（昭和十年）

與泉芳璟一同校訂梵文本《華嚴經入法界品》（*The Gandayuha Sutra*）。是年出版《悟道禪》、《禪堂的修行與生活》、《禪與日本人的性格》、《少室逸書》（菩提達摩撰述的文集）、《禪佛教手冊》（*Manual of Zen Buddhism*）。

一九三六年（昭和十一年）

以日本代表身份出席在倫敦召開的世界宗教大會（World Congress of Faiths）。會後，日本外務省委派爲英日交換教授的身份，在劍橋、牛津等英國各大名校展開一系列《禪與日本文化》的講座，十一月，又轉往美國中部與東部的大學進行同一主題的演講，最後在洛杉磯的西本願寺說法，直至翌年一月才返回日本。

一九三七年（昭和十二年）

出版《禪與念佛心理學的基礎》、《宗教淺說》。

一九三八年（昭和十三年）

出版《禪與日本文化》的日譯（*Zen Buddhism and its Influence on Japanese Culture*），本書與《禪論文集》成爲世界宗教史的不朽名著，並且出版了《日本佛教》（*Japanese Buddhism*）、《禪的各種問題》等書。

一九三九年（昭和十四年）

七月，夫人比特蕾絲去世，享年六十一歲。出版《無心》一書。此後以旅居美國的時間爲多，但每年仍出版多本日文作品。

一九四〇年（昭和十五年）

四月，設立禪文化國際研究會。出版《禪堂的教育》、《盤珪的不生禪》、《六祖壇經》（大乘寺版）。

一九四一年（昭和十六年）

出版《禪問答與領悟》、《盤珪禪師語錄》、《一個眞實的世界》、《佛教的核心》。

一九四二年（昭和十七年）

爲大谷大學教學研究所所員。出版《東方的一》、《盤珪禪的研究》、《淨土系的思想論》、《碧巖錄》（*Hekigan Poku*）。

一九四三年（昭和十八年）

出版《禪的思想》、《盤珪禪師說法》、《文化與佛教》、《一個禪者的思索》、《宗教的經驗事實》、《禪思想史研究》、《拔隊禪師法語》。

一九四四年（昭和十九年）

三月，在安宅彌吉的資助下，圓覺寺塔頭東慶寺山上的松岡文庫所在的建築物落成。十月，任大谷大學教學研究所東亞教學部部長。出版《大燈百二十則》、《月菴和尚法語》、《日本的靈性》。

一九四五年（昭和二十年）

好友西田幾多郎逝世，享年七十五歲。十二月，申請的財團法人松岡文庫的設立獲得批准。出版《絕觀論》。

一九四六年（昭和二十一年）

鈴木大拙爲報答恩師釋宗演禪師，決定在鎌倉東慶寺創設「松岡文庫」。松岡文庫主要致力於禪宗古籍的校訂與日譯，收藏與出版禪學的古今文獻，以及保存鈴木大拙畢生藏書等，藏書冊數超過五萬冊，成爲日本首屈一指的文庫，松岡文庫內所藏的室町時代的古寫本，已經成為日本重要文化資產。十二月，擔任大谷大學教學研究所顧問。出版《今北洪川》、《關於宗教的信件》、《關於宗教》、《日本靈性的自覺》、《建設靈性的日本》等書。

一九四七年（昭和二十二年）

出版《佛教簡論》、《神祕主義與禪》、《自主的思考》、《宗教與生活》、《佛教的本質》（*The Essence of Buddhism*）。

一九四八年（昭和二十三年）

出版《給青年》、《日本的靈性化》、《禪堂生活》、《宗教與文化》、《宗教與近代人》、《妙好人》（*Myokonin*）、《驢鞍橋》、《東方與西方》等書。

一九四九年（昭和二十四年）

一月，榮列日本學士院院士。六月前往夏威夷，出席夏威夷大學召開的第二屆東西方哲學家會議。九月至翌年二月，在夏威夷大學講學。十一月時，獲日本天皇授予文化勳章，集榮耀於一身，享譽國際。是年出版《眞宗雜錄》（*A Miscellany on the Shin Teaching of Buddhism*）、《禪的無心之說》（*The Zen Doctrine of No-*

Mind）、《以禪爲生》（*Living by Zen*）、《佛教與基督教》、《臨濟的基本思想》（*The Fundamental Thought of Rinzai*）。

一九五〇年（昭和二十五年）

鈴木大拙於二月離開夏威夷，到加州的克里蒙特大學（Claremont College）講授日本文化與佛教，隨後接受洛克菲勒集團的委託，以八十歲的高齡在美國展開長達八年以上講授佛教哲學之途，鈴木大拙前往美國各大學講授「禪與華嚴」，足跡踏遍哈佛、耶魯、哥倫比亞、芝加哥、普林斯頓等大學院校，自此西方世界研究禪學的熱潮因而展開。

一九五一年（昭和二十六年）

在哥倫比亞大學演講《華嚴哲學》，出版《禪思想史研究》第二卷。

一九五二年（昭和二十七年）

二月，擔任哥倫比亞大學客座教授，講授《華嚴哲學》、《禪的哲學與宗教》、《宗教入門》、《宗教論集》、《有關宗教的基本疑問》等。

一九五三年（昭和二十八年）

六月至九月，鈴木大拙遊歷歐洲諸國，並在倫敦、羅馬、慕尼黑等地講學。

一九五四年（昭和二十九年）

在哥倫比亞大學哲學系講授「禪的哲學和宗教」，七、八月前往歐洲遊歷與演講，九月回到日本，停留五個月。出版《宗教》、《復甦的東方》。

一九五五年（昭和三十年）

一月，由古田紹欽編輯整理的《鈴木大拙選集》，獲得朝日新聞社肯定，鈴木大拙受頒朝日文化獎，之後繼續前往哥倫比亞大學授課。十月，被推舉爲日本宗教學會名譽會長。出版《禪的研究》（*Studies in Zen*）。

一九五六年（昭和三十一年）

八月，赴墨西哥市立大學演講，同年出版《禪佛教》（*Zen Buddhism*），威廉・巴瑞特（William Barrett）將其在墨西哥講學的內容整理編輯成論文集。擔任財團法人西藏大藏經研究會會長（後來該研究會更名爲鈴木學術財團）。

一九五七年（昭和三十二年）

一月，成立紐約禪研究會，擔任會長。六月辭去哥倫比亞大學的教職，七月前往墨西哥，與佛洛姆博士（Dr. Erich Fromm）共同參加有關禪與精神分析的討論會議，隨後在墨西哥大學講學。回美國後改居住在麻省，前往麻省理工學院、衛斯理學院（Wellesley college）、布蘭迪斯大學（Brandeis）、瑞德克立福大學（Radcliffe）、安默斯特學院（Amherst college）等大學演講。是年出版《基督教和佛教的神祕主義》（*Mysticism: Christian and Buddhist*）。

一九五八年（昭和三十三年）

四月前往歐洲，以遠東代表身份，出席在比利時布魯塞爾召開的萬國博覽會宗教部會議，席間以「靈性」爲主題發表演說。十一月返回日本。

一九五九年（昭和三十四年）

六月，出席在夏威夷大學舉行的第三屆東西方哲學家會議，八月，夏威夷大學授予鈴木大拙法學名譽博士學位，同時被授予名譽博士學位者還有中國的胡適。同年出版《禪和日本文化》（*Zen and Japanese Culture*）。

一九六〇年（昭和三十五年）

十月，大谷大學爲鈴木大拙舉辦九十歲大壽慶賀會，鈴木學術財團出版《佛教與文化》紀念論文集。辭掉大谷大學教授職務，爾後成爲人谷大學名譽教授。

十二月，以國賓身份受邀訪問印度，爲期一個月。是年在佛洛姆博士與瑪爾特諾（Richard De Martino）整理協助下，共同出版《禪與精神分析》（*Zen Buddhism and Psychoanalysis*）。

一九六一年（昭和三十六年）

從印度返回日本，因全身檢查住進東京聖路加醫院。同年英譯完成《教行信證》。

一九六四年（昭和三十九年）

四月，獲頒印度亞細亞協會第一屆泰戈爾獎，六月赴美，住在紐約，七月前往夏威夷，出席在夏威夷大學召開的第四屆東西方哲學家會議。

一九六五年（昭和四十年）

停刊已久的英文雜誌《東方佛教徒》復刊。

一九六六年（昭和四十一年）

素有「世界禪者」美譽的鈴木大拙，於一九六六年七月十一日下午住進東京聖路加醫院，於七月十二日上午五點五分因突發絞扼性腸閉塞症辭世。戒名「也風流庵大拙居士」。享年九十六歲。

鈴木大拙主要著作一覽表

一八九五年	日譯出版：保羅・卡魯斯（Paul Carus）的英文著作《佛陀的福音》（*Gospel of Buddha*）。
一八九六年	著作《新宗教論》（*New Theory of Religion*）。
一九〇〇年	英譯出版：《大乘起信論》（*Awakening of Faith*）。
一九〇六年	英譯出版：釋宗演講集（Sermons of a Buddhist Abbot）。與保羅・卡魯斯共同英譯出版《太上感應篇》、《陰騭文》。 日譯出版：保羅・卡魯斯的《阿彌陀佛》（*Amitabha*）。
一九〇七年	著作《大乘佛教概論》（*Outlines of Mahayana Buddhism*）。
一九一〇年	日譯出版：艾曼紐・斯維登堡（Swedenborg, Emanuel）的《天堂與地獄》（*Heaven and Hell*）、英譯《眞宗教義》。
一九一二年	日譯出版：《神愛與神智》（*The Divine Love and the Divine Wisdom*）、《新耶路撒冷》（*The New Jerusalem*）、《神意論》（*The Divine Providence*）。
一九一三年	著作《禪學大要》
一九一四年	著作《禪的第一義》。
一九一五年	著作《上進的鐵鎚》。
一九一六年	著作《關於宗教經驗》、《禪的研究》、《眾禪的觀點》。
一九二一年	英文佛教雜誌《東方佛教徒》（*The Eastern Buddhist*）創刊。
一九二五年	著作《百醜千拙》。
一九二七年	著作《禪學隨筆》（*Studies in Zen*）、《禪論文集第一卷》（*Essays in Zen Buddhism Vol.1*）。
一九三〇年	著作《什麼是禪》、《楞伽經研究》（*Studies in the Lankavatara Sutra*）。

一九三二年	英譯出版：梵文《楞伽經》（*The Lankavatara Sutra*）。 著作《神會錄》、《禪的精粹》、《六祖壇經》（興正寺版）。
一九三三年	著作《禪論文集第二卷》（*Essays in Zen Buddhism Vol.2*）、《楞伽經引用句索引》（*Index Verborum to the Lankavatara Sutra*）。
一九三四年	著作《禪論文集第三卷》（*Essays in Zen Buddhism Vol.3*）、《禪僧的修行》（*The Training of the Zen Buddhist Monk*）、《楞伽經引用句索引增訂版》（*Index Verborum to the Lankavatara Sutra*）、《禪學入門》（*An Introduction to Zen Buddhism*）。
一九三五年	著作《支那佛教印象記》、《悟道禪》、《禪堂的修行與生活》、《禪與日本人的性格》、《少室逸書》（菩提達摩撰述的文集）、《禪佛教手冊》（*Manual of Zen Buddhism*）。與泉芳璟一同校訂梵文本《華嚴經入法界品》（*The Gandavyuha Sutra*）。
一九三七年	著作《禪與念佛心理學的基礎》、《宗教淺說》
一九三八年	著作《禪與日本文化》的日譯（*Zen Buddhism and its Influence on Japanese Culture*）、《日本佛教》（*Japanese Buddhism*）、《禪的各種問題》等書。
一九三九年	著作《無心》。
一九四〇年	著作《禪堂的教育》、《禪學入門》、《盤珪的不生禪》、《六祖壇經》（大乘寺版）。
一九四一年	著作《禪問答與領悟》、《盤珪禪師語錄》、《一個眞實的世界》、《佛教的核心》。
一九四二年	著作《東方的一》、《盤珪禪的研究》、《淨土系的思想論》、《碧巖錄》（Hekigan Poku）。
一九四三年	著作《禪的思想》、《盤珪禪師說法》、《文化與佛教》、《一個禪者的思索》、《宗教的經驗事實》、《禪思想史研究》、《拔隊禪師法語》。
一九四四年	著作《大燈百二十則》、《月菴和尚法語》、《日本的靈性》。
一九四五年	著作《絕觀論》。

鈴木大拙主要著作一覽表

一九四六年	著作《今北洪川》、《關於宗教的信件》、《關於宗教》、《日本靈性的自覺》、《建設靈性的日本》。
一九四七年	著作《佛教簡論》、《神秘主義與禪》、《自主的思考》、《宗教與生活》、《佛教的本質》（*The Essence of Buddhism*）。
一九四八年	著作《妙好人》（*Myokonin*）、《宗教與文化》、《給青年》、《日本的靈性化》、《禪堂生活》、《宗教與近代人》、《驢鞍橋》、《東方與西方》。
一九四九年	著作《眞宗雜錄》（*A Miscellany on the Shin Teaching of Buddhism*）、《禪的無心之說》（*The Zen Doctrine of No-Mind*）、《以禪爲生》（*Living by Zen*）、《佛教與基督教》、《臨濟的基本思想》（*The Fundamental Thought of Rinzai*）。
一九五一年	著作《禪思想史研究》第二卷。
一九五四年	著作《宗教》、《復甦的東方》。
一九五五年	著作出版《禪的研究》（*Studies in Zen*）。
一九五六年	著作《禪佛教》（*Zen Buddhism*）。
一九五七年	著作《基督教和佛教的神秘主義》（*Mysticism: Christian and Buddhist*）。
一九五九年	著作《禪和日本文化》（*Zen and Japanese Culture*）。
一九六〇年	著作在佛洛姆博士（Dr. Erich Fromm）與瑪爾特諾（Richard De Martino）整理協助下，共同出版《禪與精神分析》（*Zen Buddhism and Psychoanalysis*）。
一九七〇年	著作後世整理《眞宗入門》紐約演講集（*Shin Buddhism*）。
一九七三年	英譯出版：一九六一年完成英譯出版《教行信證》，於一九七三年出版。
二〇〇三年	著作岩波書店出版《鈴木大拙全集》四十冊。

國家圖書館出版品預行編目資料

鈴木大拙禪學入門 / 鈴木大拙著；林宏濤譯.
-- 三版. -- 臺北市：商周出版, 城邦文化事業股份有限公司出版：
英屬蓋曼群島商家庭傳媒股份有限公司城邦分公司發行, 2025.03
224面；14.8×21公分
ISBN 978-626-390-461-3（平裝）

1.CST：禪宗

226.6　　114001748

鈴木大拙禪學入門

作　　者／鈴木大拙
譯　　者／林宏濤
企畫選書／林宏濤
責任編輯／謝函芳、魏麗萍

版　　權／吳亭儀、游晨瑋
行銷業務／周丹蘋、林詩富
總 編 輯／楊如玉
總 經 理／彭之琬
事業群總經理／黃淑貞
發 行 人／何飛鵬
法律顧問／元禾法律事務所 王子文律師
出　　版／商周出版
城邦文化事業股份有限公司
台北市 115020 南港區昆陽街 16 號 4 樓
電話：(02) 25007008　傳真：(02)25007579
E-mail：bwp.service@cite.com.tw
Blog：http://bwp25007008.pixnet.net/blog
發　　行／英屬蓋曼群島商家庭傳媒股份有限公司城邦分公司
台北市南港區昆陽街 16 號 8 樓
書虫客服服務專線：(02)25007718；(02)25007719
服務時間：週一至週五上午09:30-12:00；下午13:30-17:00
24小時傳真專線：(02)25001990；(02)25001991
劃撥帳號：19863813；戶名：書虫股份有限公司
讀者服務信箱：service@readingclub.com.tw
城邦讀書花園：www.cite.com.tw
香港發行所／城邦（香港）出版集團有限公司
香港九龍土瓜灣土瓜灣道 86 號順聯工業大廈 6 樓 A 室
E-mail：hkcite@biznetvigator.com
電話：(852) 25086231 傳真：(852) 25789337
馬新發行所／城邦（馬新）出版集團 Cité (M) Sdn. Bhd.
41, Jalan Radin Anum, Bandar Baru Sri Petaling,
57000 Kuala Lumpur, Malaysia.
Tel: (603) 90578822　Fax: (603) 90576622
Email: cite@cite.com.my

封面設計／化外設計
內文排版／冠玫電腦排版股份有限公司
印　　刷／韋懋實業有限公司
經 銷 商／聯合發行股份有限公司
電話：(02) 2917-8022　Fax: (02) 2911-0053
地址：新北市 231 新店區寶橋路 235 巷 6 弄 6 號 2 樓

■2025 年 3 月 三版 1 刷
定價 320 元

Printed in Taiwan

ISBN　978-626-390-461-3（平裝）
　　　9786263904620　（EPUB）

城邦讀書花園
www.cite.com.tw

請於此處用膠水黏貼

商周出版

讀者回函卡

線上版讀者回函卡

感謝您購買我們出版的書籍！請費心填寫此回函卡，我們將不定期寄上城邦集團最新的出版訊息。

姓名：＿＿＿＿＿＿＿＿＿＿＿＿＿＿＿＿ 性別：□男 □女

生日：西元＿＿＿＿＿年＿＿＿＿＿月＿＿＿＿＿日

地址：＿＿＿＿＿＿＿＿＿＿＿＿＿＿＿＿＿＿＿＿

聯絡電話：＿＿＿＿＿＿＿＿＿＿ 傳真：＿＿＿＿＿＿＿＿＿

E-mail：

學歷：□ 1. 小學 □ 2. 國中 □ 3. 高中 □ 4. 大學 □ 5. 研究所以上

職業：□ 1. 學生 □ 2. 軍公教 □ 3. 服務 □ 4. 金融 □ 5. 製造 □ 6. 資訊

□ 7. 傳播 □ 8. 自由業 □ 9. 農漁牧 □ 10. 家管 □ 11. 退休

□ 12. 其他＿＿＿＿＿＿＿＿＿＿＿＿＿＿＿

您從何種方式得知本書消息？

□ 1. 書店 □ 2. 網路 □ 3. 報紙 □ 4. 雜誌 □ 5. 廣播 □ 6. 電視

□ 7. 親友推薦 □ 8. 其他＿＿＿＿＿＿＿＿＿＿＿

您通常以何種方式購書？

□ 1. 書店 □ 2. 網路 □ 3. 傳真訂購 □ 4. 郵局劃撥 □ 5. 其他＿＿＿＿

您喜歡閱讀那些類別的書籍？

□ 1. 財經商業 □ 2. 自然科學 □ 3. 歷史 □ 4. 法律 □ 5. 文學

□ 6. 休閒旅遊 □ 7. 小說 □ 8. 人物傳記 □ 9. 生活、勵志 □ 10. 其他

對我們的建議：＿＿＿＿＿＿＿＿＿＿＿＿＿＿＿＿＿＿＿＿

＿＿＿＿＿＿＿＿＿＿＿＿＿＿＿＿＿＿＿＿

＿＿＿＿＿＿＿＿＿＿＿＿＿＿＿＿＿＿＿＿

請於此處用膠水黏貼